PSW

小栗静雄
OGURI Shizuo

精神保健福祉の実践

北海道十勝・帯広での五〇年

「へぐり語録」編集委員会編

寿郎社

精神保健福祉の実践

――北海道十勝・帯広での五〇年

目次

［第一部］精神科ソーシャルワーカー五〇年　小栗静雄　13

第二章　越境するソーシャルワーカー　62

第三章　社会の中のソーシャルワーカー 106

第四章　ソーシャルワークは終わらない　143

［第二部］仲間が紡ぐ「へぐり語録」　171

【第一部】

精神科ソーシャルワーカー五〇年

小栗静雄

はじめに

精神障害者と呼ばれる人たちとともに医療・保健・福祉の領域に身を置き、精神科のソーシャルワーカーとして生きて五〇年が過ぎた。「ソーシャルワーク」とは「対人福祉援助」を意味し、そのなかでも私が属する職域は平成の時代に入ってから「精神保健福祉士」と呼ばれるようになった。一九九五年制定の精神保健福祉士法で定められた「精神保健の向上と精神障害者の福祉の増進に寄与することを目的とする」国家資格だ。英語では「サイキアトリックソーシャルワーカー」(Psychiatric Social Worker、略称ＰＳＷ)と言い、二〇二〇年からはＰＳＷに替わって「メンタルヘルスソーシャルワーカー」(Mental Health Social Worker、略称ＭＨＳＷ)という新たな呼称も広まりつつある。

北海道の十勝・帯広市を拠点とするソーシャルワーカー人生の半世紀には、さまざまな出来事があった。私の仕事の原風景となっている一九七二年の私宅監置《したくかんち》(自宅監禁)事例を筆頭に、翌年に起きた、ＰＳＷのみならず精神医療・福祉・保健界全体に問題を提起した「Y問題」、そしてそれから一〇年近く経ってから発せられた「札幌宣言」は、今でも重い問いかけを私たちに残したと思う。その後ＰＳＷの国家資格化が進み、精神保健福祉に関する公的サービスやシステムが整備されていく一方で、二〇一六年に神奈川県で起きた「津久井やまゆり園事件」が社会を震撼させたことは記憶に新しい。今もなお存在する「自宅監禁」（精神病者監護法は一九五一年に廃止となり、以降「自宅監禁」は犯罪行為となる）や精神科病院の不祥事に心あるＰＳＷたちは悩み、現場での悪戦苦闘が続いている。

二〇一八年は「呉秀三《くれしゅうぞう》報告」から一〇〇年、二〇二〇年は精神病者監護法制定一二〇年という節目を迎え、教え子に手を引かれるような歳になった今、こうして自分の半世紀を記録する機会をいただき、望外の喜びである。失敗ばかりの体験談を思いつくままに綴り、どれだけ有用なものになっているかは自信がない。年寄りの昔話におつきあいいただけるとありがたい。

これまで多くの関わりを持たせてもらった、障害を抱えざるを得なかった当事者やご家族の方々からは私自身が勇気や涙、そして喜びをいただいた。己を知る種もたくさんいただいた。

そんな私の感謝の気持ちとともに、これからの時代にこそ一層その重要性が増してくる精神保健福祉士という仕事の本質が、多くの方々に――とりわけ今現在、現場で奮闘されているＰＳＷたち、またこれからＰＳＷを目指そうとしている若い方々へ伝われば、幸いである。

なお、本書では精神障害者を「障害当事者」または「当事者」と表記する。私自身は〝精神疾患から派生したさまざまな問題を抱えた人たち〟という文脈から考えると、「当事者」の範疇にはご家族を含めた多くの方々が含まれるという認識だが、本書ではあえて「障害当事者」「当事者」は障害者本人としている。また、本書の事例に登場する人物はすべて仮名であり、事例紹介の趣旨が損われない範囲で詳細の修正を加えてある。お世話になった方々の所属・肩書きもそれぞれ活動当時のものであることをご了承いただきたい。

第一章
新人ワーカーの苦悩と十勝の先進性

◆「俺とあんたは戦友だよなあ」

私が勤めていた帯広《おびひろ》の総合病院の精神科通院者たちが一九七〇年頃から自助グループを作り始め、その活動が五、六年経った頃のことだ。私も久しぶりに月例会に顔を出してみた。当時は各精神病院の当事者グループを「〇〇病院回復者クラブ」と呼んでいた。

誰のおなじみの店なのか、かわいいおねえさんがいる居酒屋に同窓会気分で集まった。皆、肩をたたき合ったり握手をしたりして、うれしそうだ。

私の隣に席を取った彼は私より少し若く、入院歴もあるが自立性も高く、リーダー的な役割もいとわない。私とのつきあいは長いが、意見の食い違いも幾度かあり、正直に言うとあまりウマが合わない。互いに交わす言葉もそっけないものだった。

その彼が、宴もたけなわといった頃にボソリと言った。

「俺とあんたは戦友だよなあ」

ん？　意味がわからず聞こえないふりをした。そうすると間を置いて、もう一度。

「だからね、いろいろあったけどさ、俺もあんたも結局、一緒に死にものぐるいで病気と闘ってきた戦友ってことなのよ」

私は少し考え込んでしまった。患者‐専門職関係やワーカー‐クライエント関係といった専門用語ならわかるが、戦友？　戦友関係ってナンダ？

それからの時間の経過はあまり覚えていない。気がつけば周囲がざわついている。そろそろ帰り支度だろうか。彼に肘を突かれた。

「何、泣きそうな顔してんだよっ。お開きだよ」

という声がぼんやりと聞こえた。返事をした記憶はない。ただ自分に言い聞かせるように〝俺は少し酔っているだけだ……〟、そう思っていたことだけを覚えている。

ＰＳＷ（精神保健福祉士）にとって永遠のテーマである「関係性＝当事者とのつきあい方」とは、障害・介護分野に限らず対人援助職全般の業界用語として定置されている言葉である。いい関係が構築できればいい自己決定につながるし、上辺だけだと必然的に関係はアウトになる。

ともすれば〝する‐される〟の縦の関係性となりがちな私たちの関わりに対してこの日、彼は「死にものぐるい」で命運をともにする「戦友」と私を呼んだ。自分はそう呼ばれていいのだろうか。その覚悟が自分にはあるのだろうか――。この夜から私の中で関係性に対する終わりのない自問が続いている。

◆帯広に息づく「遊動事務員」の精神

一九六九年秋、名古屋市にある日本福祉大学社会福祉学部を卒業した私は、生まれ故郷の帯広で働くために戻ってきた。札幌に本部がある社会福祉法人立の約四〇〇床の総合病院（うち精神科七八床）である帯広協会病院にソーシャルワーカーとして奉職し、ここで精神障害者と呼ばれている人たちへの非人間的な状況を見せつけられた。

以来、現在に至るまで、全ての人が人としての自由や基本的人権、負うべき義務を果たせる生活環境をきちんと享受しているのだろうかという疑問が、私の仕事人としてのバックボーンになっている。

いや、それほど大それたことではなくても、「もし自分が障害者になったら？」と考えたときに「自分にとっての当たり前」や「市民として普通なこと」をはたして享受できるのか、私人としての疑問がある。その疑問を解消するためにも「政策はいずこに？」、なければ「作れ」、それでもダメなら「自分たちで作る」という怖いもの知らずの気概で半世紀を駆けてきた。

私のホームグラウンドは北海道の東部に広がる十勝《とかち》管内の中心地、帯広市である。十勝の面積は埼玉県、東京都、千葉県を合わせた程の広さで、ソーシャルワーカーとしての道のりもここから始まった。

私が勤めた総合病院は、市内の精神科有床機関としてのスタートが管内で最も遅く、道立緑ヶ丘病院、国立十勝療養所（現・帯広病院）、先にできていた別の総合病院、そして個人病院二施設に次いで管内六番目の精神科有床機関であった。この六施設を合計した、一九七〇年当時の十勝管内の精神科総ベッド数は一〇一二床だったが、その後は漸減し、二〇二〇年現在は四三〇床台である。

私のワーカー人生前半の二〇年近くは、院内でただ一人のソーシャルワーカーとしてPSW業務を任され、後半は介護保険法に関する対応を含め全診療科のソーシャルワークを担当した。二〇〇五年の障害者自立支援法（のちの障害者総合支援法）施行時に「NPO法人十勝障害者サポートネット」を立ち上げ、病院勤務と法人理事長を兼任した。それから三年後の二〇〇八年に病院の定年を迎え、二〇二一年からは同NPO法人の顧問として現場に立ち続けている。

ここで先ほど触れた十勝管内の精神科有床機関の一つ、北海道立緑ヶ丘病院のことを紹介したい。緑ヶ丘病院は道東域で最初の精神科単科の専門病院として一九五三年に帯広市の南端に広がる緑ヶ丘地域に開設された。一九六九年頃のベッド数は二七〇床あり、道東一円の精神医療を担ってきた基幹病院であった。院内医療に加え、地域の保健婦（現・保健師）や福祉関係者への研修・教育を率先して行ってきたことで知られていた。

私が勤務先に入職して間もない頃、緑ヶ丘病院の初代院長の頃から勤務している中堅の男性看護師からこんな話を聞いた。「私たちは病院の外でも患者さんの社会復帰のお手伝いをしています。院長の指示で始まり、今では仕事の一部になっています」。仕事探しや住居の確保、家族関係の修復が主な仕事だと言う。本州の福祉系大学で学び、「我こそがソーシャルワーカー！」という意気込みで故郷に戻ってきた若造の頭をガツンとやられた気がした。この地にはもうすでに「障害を持っていても地域で暮らす」思想や実績ができていたのだ。

ＰＳＷの概念や働き方は二〇世紀にアメリカで発展した。日本では近代精神医学の礎《いしずえ》となった一九一八年の「呉秀三報告」が広く知られているところだが、一九二〇年代には東京府立松沢病院に「遊動事務員」を配置する構想もあったという。

呉の資料を読むと、精神病院に入院する患者を相手にする「事務員」は、仕事の性質上、「外部に出て要務を便《べん》ずべきこと少なからず。此《かく》の如《ごと》くせずは到底病院は患者に対し、家族に対し、一般社会に対して、その責務を尽すこと能《あた》はず」という一文があり、「遊動事務員」がのちのＰＳＷの輪郭に近いものであることが読み取れる。やがて戦後の一九四七年に国立国府台《こうのだい》病院に「社会事業婦」の名称で登用された女性がＰＳＷの始まりだといわれている。

十勝では、ともすれば戦後生まれの私たち〝ＰＳＷ第一次世代〟が精神保健福祉の領域を社会に開き、ＰＳＷ活動の黎明期を担ってきたように思われがちだが、一九七〇年代以前から北海道は十勝の地で地元の医師や看護師たちがその思想を共有し、実践していたことはあまり知られていない。昭和初期に生まれた「遊動事務員」構想がおよそ半世紀を経たのち、自分の故郷に息づいていたことを知って当時二〇代だった私は胸を熱くした。また多職種連携という側面でも彼らの活動は先進的で、短いおつきあいだったが多くのことを学ばせてもらった。

◆十勝のPSWグループの研究会「月曜会」

入職一年目、先輩事務職員から「他の病院の仲間と毎週木曜日に勉強会をやっているので出てみないか」と誘われた。「木曜会」と呼んでいるらしかった。主なメンバーは社会福祉主事や生活保護業務の担当者で、福祉系四大卒の私は少し舐めてかかっていたように思う。しかしここでもまたガツンとやられた。皆さん、非常に真摯《しんし》かつ勉強熱心であったのだ。

数カ月後、先輩から「自分たちの役割は終わった。後は専門職の皆さんに託す」と伝えられた。そうして集まったのが、地元で別々の職場で働いていた大学の同級生PSWの二名とPSWに近い仕事もしていた女性事務職員一名。ここに私を加えた四名で、十勝で初めてのPSWグループ研究会「木曜会」を立ち上げた。現在の「月曜会」である。先輩は時折相談室に顔を出してには、それとなく気遣ってくれた。前項の緑ヶ丘病院の看護師たちの院外活動と同様に目立たない試みだったかもしれないが、地域活動の素地を作ってくれた方々だと思っている。

こうした経緯で始まったPSWによる月曜の勉強会が今もなお、五〇年以上の長きにわたり途切れることなく開催されていることは驚きに値する。回数こそ減ったが、この間、自然に次の世代に引き継がれてネットワークが作られ、ゆるやかなスーパーバイズ機能も生まれた。決まった日に決まった場所に行けば、誰かと話ができ、ときには悩みを打ち明け救われる。〝居場所〟としての機能も十分果たしていることが、自分事のようにうれしく感じられる。

現在メンバーは約四〇名で、月ごとの当番が年初に決められ、簡単な課題と予定表が配布される。あとは決まりごともなく出入り自由、参加人数も毎月まちまちだ。学習あり、事例検討あり、レクリエーションあり、飲み会あり、世間話で終わることもあるという。ここまで長く、ゆるやかに続いた専門職による自主的な研究会はそうそうないだろう。十勝の、いや北海道の精神保健福祉にとって貴重な財産だと自負している。

ちなみに私は一五年程前に久しぶりに参加した際、終わりがけに〝第二次世代〟の後輩の一人から「今後〝第一次世代〟の先輩方は参加を遠慮してもらいたい。いれば皆が顔色をうかがって自由な議論がしづらい」と言われ、「ああ、喋りすぎたなあ」と自戒し、以来参加していない。言いづらいことをよくぞ言ってくれたと思う。嬉しいことである。

皆さんもご存知のとおり、治安・保護的色合いの濃い精神衛生法時代（一九五〇〜一九八七年）は長く続いたが、ここ帯広の地はもともと北海道の中でも独立独歩の気風が強く、自由な感覚が横溢し、個々人の熱やエネルギーに満ちあふれた時間が流れていたように思う。今のように整

「月曜会」の50周年記念写真。前列左から3人目が著者

備された法体系や有効な福祉行政施策がなかったからこそ、「ないものねだりをしてもしようがない」「必要なものは自分たちで作ろう」が合言葉であった。

目の前の状況を見て決断・実行し、責任を負うことが自然と身についてしまった。それゆえ一九九五年の精神保健福祉法や二〇〇五年の障害者自立支援法が成立した時も〝自分たちがやってきたことが法令化された〟とほっとする一方で〝だからどうした、これからもやることに変わりはない〟というような、妙に斜めに構えた複雑な思いでいたことを覚えている。

◆「便利屋」「雑用係」としてのソーシャルワーカー

新人時代の私は、職場ですら業務内容を知る人がいない〝ひとりワーカー〟であり、求められればどんなことでもやらなければならなかった。当時の上司だった医師からは「この仕事は二四時間だと覚悟しておけ。おまえのデスクは患者の前にしかないぞ！」と言われ、今も現場第一主義が体にすりこまれている。仕事内容は、今で言う「就労支援」「社会資源開拓」「退院促進」「アウトリーチ」「家族会支援」「ピア活動」等々多岐にわたる。

「院外作業」と呼ばれた通院者の仕事探しでは、本人がひと通り仕事ができるようになるまで工場で一緒に働くこともあった。入院中の人には社会復帰を勧め、それを拒否する家族がいれば説得にあたる。日常の相談対応のほかにも家庭訪問や個別面接を行い、各種病棟行事の仕切りや準備を進めるかたわら、関連機関との連携に走りまわる。まるで砂塵に翻弄されるかのような日々で、彼らが普通に暮らす困難さを目の当たりにした。

当事者たちの職や住まいを求め、街中の電柱や板塀に「バイト募集」「空室有り」の張り紙を見つけては飛び込み営業をかけた。とある工場の社長に「君ね、患者の悪いところばかり言って使ってくれる会社なんかないよ。その子だって良いところはあるんだろ？」と諭されるように言われ、ハッとしたこともある。

当時はまだ「ＰＳＷ」という呼称も知られていなかったこの仕事を売り込む下心もあり、何でもやった。墓地の雑草刈りや雑巾がけ、時にはご遺体も担がせていただき、周囲からは「ソーシャルワーカー・アイデンティティの放棄」「御用聞き」「便利屋」「雑用係」などと言われたが、それも仕方がなかった。全国の〝ひとりワーカー〟の標準的な姿だったかもしれない。

今、「雑用係」と少し自虐的に言ったが、私はソーシャルワーカーこそ「雑務の達人」であるべきだと思っている。そもそも教科書通りに事が運ぶことなど、まずない。その都度その都度場面も状況も変わり、その谷間をうまくつなぐのが「雑用」の類なのだ。これをこなさなければ決していい仕事には結びつかない。問題はそれを「雑用」と思うか否かではなく、どうしたら目的を果たすことができるのか、この環境をどうやって突破していくか、その認識を持てるかどうかなのだ。

などと少し強がっていた頃出会ったのが、元日本福祉大学教授であり、埼玉県にある公益社団法人「やどかりの里」の研究機関「やどかり研究所」の所長を務めておられた故・坪上宏先生からお送りいただいた著書の中の一節だった。

教育を受けて職場に入っても、実際に出会うのは雑用じゃないかという声をよく聞く。だが雑用とみなされている事自体が非常に大事な、本当に精神障害者の人達が必要としている、しかも学校では習わなかった事で、どう相手の状態に対応してゆくか、これは大切な意味のある雑用であって、その雑用を自分達の手で整理していって、一つの方法技術に仕上げてゆく。現実はどんどん伸びて行くからまた自分達の手で整理し直す。

（坪上宏・谷中輝雄編著『早川進の世界——あたりまえの生活　ＰＳＷの哲学的基礎』やどかり出版、一九九五年）

これを書かれた坪上先生の真意はもっと深遠なものだと思うが、私は単純に「我が意を得たり」と胸のつかえが下りた気分であった。

◆入院者の日常に衝撃を受ける

精神科病棟の入院者の日々の暮らしとありようは、大学を出たての私にとって一言で言うと「異質」で、とてもなじめるものではなかった。荒涼とした原野のような地域の中で、私たちや彼らが頼みとする「社会資源」と言えば保健所や時に祈祷所、警察だけで、〝社会復帰〟はイコール〝否応なく自宅に戻ること〟。保護者や家族の重い責務となり、地域社会からの厳しい視線に晒されていた時代だった。

少し補足すると、この時代、祈祷所はどこのまちにもあったと思うが、帯広でも精神疾患と思われる人たちの幾人かは祈祷所の厄払いに快癒を託していた。まれに祈祷所から「手に負えない」「受診を勧めているが納得しない」などのＳＯＳで駆けつけることもあった。現在でも祈祷所は洋の東西を問わず一縷《いちる》の望みを託す場所としてあり続けているのではないだろうか。

さて、病院での入院生活は、集団管理・集団行動が原則だった。規制も多く、地域社会とは隔絶された日常であった。例えば院外での買い物やレクリエーションをする際には、皆が一列になって目的地に向かう。他の病院職員らからは「まるで羊の行列みたい」と揶揄《やゆ》されていた。

一方、私たちソーシャルワーカーには「個別化」という命題がある。障害当事者や家族を一括りにするのではなく、全ての人に個別の人格があるように、それぞれの事情や環境要因、夢や希望に目を向ける。だがその基本的人権とも言えることが、この世界では圧殺され続けてきた歴史がある。そこに切り込むのも現職である私たちの使命だと思う。

当時生意気盛りの私が赴任後真っ先に病棟内にピンク電話を設置したのも、彼らに外界とつながるきっかけを提供したかったからだ。レクリエーションのプログラムを任されたときも、すぐに個別のプログラムづくりに取り組んだ。一人ひとりの希望を聞き、スタッフがマンツーマンでつきそうのだ。いずれも看護師たちから強く反発されたが、頭を下げながら強行した。以下はそのときのエピソードである。

●レクリエーションの一環で、入院者と二人で喫茶店に入った。

「病棟で何かしてほしいことはないですか?」と尋ねた私に、彼はポツリと「カギ」と言った。

「カギって鍵のこと?」

「ガシャンという音」

私は二の句が継げなかった。毎日スタッフが何十回も無意識に開閉していたあの鉄扉の鍵の音が、その都度彼の胸を突き刺していたのだろうか。

注文したコーヒーが運ばれてきた。彼は砂糖を一〇杯近く入れると一気に飲み干し、さっさとレジに向かい、レジのおねえさんを唖然《あぜん》とさせていた。おいっ、ちょっと待て、俺はまだ口もつけてないいんだよ……。

●こちらもレクとして外出したときのこと。街角の公衆電話ボックスを見たとたん、急に「家族に電話をかける！」と言い、ボックスに入った彼女がなかなか出てこない。見るとボックス内で半泣き顔だ。私の顔と受話器を交互に見比べ、情けなさそうに「だって私、これ、わからないも……」。病棟のピンク電話はダイヤル式の旧型で、公衆電話はカード式のプッシュホンだったのだ。戸惑う姿が悲しかった。私たちには当たり前でも、彼女たちには通じないことも多いのだろう。問われることばかりである。

この仕事をしていれば特段珍しい類のエピソードではないかもしれないが、どの場面も私には驚きであり学びであった。彼らの姿や言葉に、自分の職業志向や力量のありようがそのままあぶり出されていたように思う。

◆精神障害者処遇の黒い歴史を垣間見る——寒村で見た「私宅監置」

仕事にも慣れてきた二〇代の後半、私にとって仕事の原風景となる、今も忘れられない事例に出会った。精神障害を抱えたゆえに二十数年間の「私宅監置（自宅監禁）」状態にあった当時四〇代のエイコ氏（以下敬称略）宅を訪問し、その家族を入院説得するように某町保健婦から協力要請が入ったのだ。

「私宅監置」とは「精神病者監護法」（一九〇〇〜一九五一年）で国が定めた自宅監禁制度である。内務省（現・警察）の管轄であり、監禁する場所は座敷牢《ざしきろう》や屋外の牢屋《ろうや》などさまざまであった。現在はネットで写真を見つけることもできる。日本の近代的な精神医学の創立者である呉秀三《くれしゅうぞう》は、東京大学医学部教授であり東京府立巣鴨病院（現・都立松沢病院）院長であった一九一八年に論文「精神病者私宅監置ノ実況及ビ其統計的観察」を発表。通称「呉秀三報告」とも呼ばれるその論文によると一九一九年の私宅監置数は四五〇〇カ所余りと記述されており、第七章の「意見」の中では「我邦《わがくに》十何萬ノ精神病者ハ実ニ此《この》病ヲ受ケタルノ不幸ノ外ニ、此邦《このくに》ニ生レタルノ不幸ヲ重ヌルモノト言フベシ」という厳しくも重たい一節を残している。

その後の私宅監置数は一九二九年には六五〇〇カ所、一九三五年には七二〇〇カ所を超え（『精神医学と看護』日本看護協会出版会、一九七三年）、これは私感だが精神病者監護法が廃止された一九五一年にはその数は一万カ所に達していたのではあるまいか。全国津々浦々で私宅監置が行われていたことになる。

こうした事態は、要するに、精神障害者処遇を家族の責任とした国が治療施設の建設を怠り、精神医療の開設と運営を民間に丸投げしたことに起因する。その見返りに発令された「精神科特例」（精神科医療施設は通常の医療施設よりも専門職が少なくてもいいという法律。経費が少なくて儲かる仕組みで、法的には現在も機能している）が、その後の精神病院の乱立につながったことは周知の事実である。そろそろ前置きは終わりにしよう。

市街から車で約九〇分離れた寒村の一軒家。玄関先に着くとすでに母屋の裏手から断続的に異様な唸り声が聞こえていた。その母屋の外壁を利用し、残りの三方を柱と粗末な戸板で囲み、入り口には頑丈なかんぬきをかけた小屋の中に彼女はいた。

それはまさに「呉秀三報告」が描いた光景と寸分違わず、人を人とも思わぬどす黒い日本の精神障害者処遇の歴史が、一九七二年の寒村で垣間見えた光景だった。

キーパーソンである四〇代後半の兄の了解を得て監置小屋の中に入ると、そこは畳三、四枚ほどの土くれのままの空間で、片隅に置かれたベニヤ板の上にムシロが敷いてあるだけだった。戸板の隙間から差し込むかわずかな明かりのもと、彼女は湿った着衣のまま、虚ろな表情で空《くう》を見つめ、絞り出すようにダミ声を発していた。

肌は蒼白く、数十年に及ぶ厳寒、酷暑、漆黒《しっこく》の闇、無音の中でどうやって命をつないでいたのだろう。鼻をつくひどい臭いがした。息をのむその凄惨《せいさん》な光景に私はただ立ち尽くし、言葉を失った。

エイコは二〇歳を前に結婚し、直後の発病で実家に帰された。その後も日ごと異様な様相を見せ、ついには斧や鎌を振り上げるようになった。身の危険を感じた父と兄は荒縄で彼女を縛りあげ、好奇と蔑《さげす》みの衆目の中、リヤカーに乗せ、バス・夜行列車を乗り継ぎ一日がかりで道都の精神病院に入院させた。だが半年後、病院から「もう治らないから」と一方的に帰された。そして帰宅直後から私宅監置が始まった。それからすでに二十数年の歳月が流れていた。

「娘に食事を運ぶときが、八〇代の母親のたった一つの生きがい。今まで周りから随分な仕打ちも受けたし、病院も信用しない。妹を入院させる気はない。皆さんに気を遣わせて申し訳ない」

家族の苦悩の日々を静かに語ってくれた兄の腕には一体いつついたものなのだろう、深い傷跡が残っていた。帰りぎわ、「若い頃、村祭りには私の三味線で妹が踊って喝采《かっさい》を浴びたものです」と奥の部屋から古い三味線を出して聞かせてくれた。玄関脇には私に持たせるための野菜も用意されていた。

初回訪問を終えた私は内心「さあ、今日から始まるぞ！」と奮い立つ思いだったが、このとき兄が言外に匂わせていたのは「エイコのことはもう終わりにしてほしい」という懇願であった。三味線や野菜もそのサインだったことにまだ若輩だった私は気づくことができなかった。

私はその後も執拗《しつよう》にエイコ宅を訪問し、入院説得を続けた。それがソーシャルワーカーの使命だとみじんの疑いも抱かずに。だが、兄とのやりとりはじきにそっけないものに変わっていった。

「私たちはもう十分に苦しんだ。勘弁してほしい。あの子は私たちが看取る」

と言われる日もあれば、兄と母親が口々に

「このひとが入院させてもいいと言うなら仕方がない」

と互いに責任を押しつけあってラチがあかないこともあり、あげく

「妹を入院させたらあんたの懐《ふところ》にはいくら入るんだ！」

「私たち家族をウサギの罠にかけるような真似をしやがって！」

などと罵声を浴びせられる日もあった。

なぜそれほどまでに入院を拒否するのか、私には理解できなかった。身構える家族と幾度かの衝突を繰り返しながら半年後、半ば強引にエイコを入院させることを了承させた。

入院当日、ほの暗い夕闇の中、家から遠ざかっていく病院車の後ろを、「エイコー！　エイコー！」と叫びながら母親が裸足で追いかけた。真っ赤なテールランプに手を伸ばしたまま力尽き、地面に膝をついて肩を震わせる老いた母親の後ろ姿を、ただぼんやりと眺めていた自分を思い出す。これが私とエイコ家族との最後の場面となった。

この事例に関してはいまだに迷い、今だからつかみかけていることもある。エイコとその家族一人ひとりの中に、周囲からの蔑《さげす》みや無理解、そこから生まれる疎外感、家族の中ですら感じる孤独、医療不信など、余人には理解しがたい「個の覚悟」があったことは想像に難くない。「エイコの話題は禁句」であったはずの家族環境の中で、老母がエイコを世話するひととときだけが、かろうじて家族を家族たらしめていた〝聖域〟だったのではないだろうか。ある日突然、そこに踏み込んだ私の行為は、彼らが築いてきた〝家族の物語〟という尊厳を、土足で踏みにじ

る行為ではなかったか。そのことを思うと今も私は強い自責の念に駆られる。

また、今、彼女の兄の心情を思うと、彼が覚悟をもって立ち向かったのは国家であり、行政であり、警察組織であり、時に地域住民であり、医療や専門性という権威であったろう。「妹を何とか蘇らせたい」と心の奥底では願いつつ、万策尽きたあの非情な環境下で「最期は自分が看取る」という身が引き裂かれるような覚悟を決めるまで、どれほどの苦悩を重ねてきたのか。その覚悟があのときの昔語りであり三味線の披露であり、私に持たせた野菜であったとしたら、と思うと胸が詰まる。もし私があの兄の立場であったなら、初対面から正義漢ぶった若造を殴り倒していたのではないか……。

人は「聞かれたくないこと、話したくないこと、もう終わったこと」を語るには時間がかかる。そして逡巡《しゅんじゅん》のすえに〝ホロリ〟と、あるいは〝堰《せき》を切ったように〟話し始めるものだ。その〝ホロリ〟の瞬間を引き出すのが「かたわらにたたずみ」「待ち」「聴く」行為である。

だが、あの頃の私は「待つこと」にあまりにも無知であった。人道や正義という鎧《よろい》をつけた専門職の傲慢さやパターナリズムはどれも空回りをし、無神経に放った矢は結局のところ、自分に返ってきただけだ。後にも先にも、これほどの不全感を残した出会いはなく、駆け出しワーカーに生涯忘れられない苦さを刻む教訓となった。

エイコの事例はソーシャルワーカーとしての私の個人的な原風景であるが、同時にこの仕事にまつわる全ての課題を、時を越えて突きつけている事例のように思えてならない。援助とは何か。医療とは何か。専門性とは、当事者主体とは、自己決定とは何なのか。地域とは何か。家族とは何か。人権とは、差別とは、法とは何か。人を守るものが法ではないのか。人が人らしく生きるとは、どういうことなのか——。四十数年を経た今も心の澱《おり》は残り、全ての問いかけが中途半端なまま今も仕舞えていないのである。

エイコの事例は、言うまでもなく一九〇〇年に制定された精神病者監護法の闇を引きずることを余儀なくされた家族の物語であった。私に多くを語る資格はないが、それでもエイコとその家族の話をしておきたかったのは、教科書やテキストの上だけでなく、現実の「私宅監置」に立ち会った経験があるのは、もしかすると私たち世代が最後かもしれないという思いがあり、そのことを次世代の方々に伝えておきたかったからである。

◆暴力装置とも言われる強制的入院

もう少し、この話を続けたい。精神病院では時として、「非同意入院やむなし」(法的には「医療保護入院」や「措置入院」という)、すなわち力づくによる、本人の同意抜きの入院という状況が発生することも珍しくはない。もちろん主治医による慎重な判断の上での措置だが、私たちPSWも、本来業務ではないと感じつつもそこに加担する場合がある。

強制的入院は人権侵害あるいは犯罪的行為であり、日本国お墨付きの〝暴力装置〟とも揶揄《やゆ》される後味の悪い処遇なのだが、回を重ね、「本人のため、家族のため」と自分に言い聞かせているうちに、いつしかそれが非人間的行為であるという意識が麻痺してしまう。暴力による虐待を「しつけ」だと言い張る行為のような、あるいはユダヤ人政治哲学者のハンナ・アーレントが指摘した「悪の凡庸《ぼんよう》」にも通じるこの悪しき処遇が、精神医療の闇の一端を担っていることはつねに意識しておきたい。そのことを私に教えてくれた事例がエイコの事例の他にもある。

今日で二、三回目の受診か。高校に通うキョウコ。診察室でぐずぐずと泣いていたかと思えば、「父さん、母さん助けて！」と叫びながら主治医の胸ぐらを激しく叩く。皆、困惑顔だ。主治医は「早めの入院がいいんだがなぁ」と思案顔で私をうかがう。相談室に場所を移し、強い口調で入院を勧めたが本人は目を固く閉じ、口をへの字に結んだまま。代わりに母親が「学校になじめなくてイライラが募っている。できれば入院は避けたいのですが」と言うと、彼女の表情が幾分緩んだ。

未成年の入院には両親の了解が必要だ。焦る私は両親の説得に力が入り、内心、「最悪、強制的にでも」と思っていたのが多分顔や言葉に出ていたのだろう。それまで黙って話を聞いていた父親がはっきりと「今日は連れて帰ります。通院は続けさせたい」と言い、娘は私の下心を見透かすように一瞥《いちべつ》もくれず相談室を出て行った。

私は腰を折られたような苦々しい気分で釈然としなかったが、半面、父親の決断に「助けられた」という思いもあった。その後外来で何度か彼女が穏やかにふるまっている姿を見かけ「家族の決断が正しかったのだ」と喜ぶ一方で、バツが悪く、キョウコと私は互いに目を合わすこともなかった。

医療や専門性というひね曲がった権威をバックに、迷わず「強制入院」を考えたあの時の私と即座にそれを拒否した父親。彼らに対する理解不足や我が子を信じようとした親の心情に思いを寄せきれなかった自分の非力さを痛感させられた出来事だった。仕事にやりがいを感じ始めた頃でもあったため、この時の苦い思いは今も私の心の奥底に残っている。

それから幾星霜《いくせいそう》。三年ほど前の話である。ある病院の看護師が私が現在運営しているグループホームに入居希望の入院患者と一緒に見学に来た。当人は思い描いていたグループホームのイメージとは違ったようで、「ここじゃちょっとなぁ」と部屋を出て行った。残された看護師は「お手数かけました。あちこち見ているのですがいつもあんな風で。自立してくれるといいんですが」と苦笑する。玄関まで見送り、「またご縁があったらいつでもご相談にのりますから」と伝えると、その看護師は穏やかな表情でこう告げた。

「ワーカーの小栗さんですよね。若い頃お世話になったキョウコです」

瞬時に四十数年前のあの場面が甦り、こちらが目を白黒させているうちに彼女は車に乗りこんで去って行った。私に、入る穴などあるはずもなかった。

もう一つ、現場から学んだことがある。「現場だ！」は私の長年の口癖であるが、現場にしか目がいかない私は、悔しいが「○○論」や「××観」といった思考回路にひどくうとい。つねに現場に埋もれていると、そうした「論」や「観」を大上段に構えて声高に語ることが空疎で、怖くなる。それはこんな体験をしたせいでもある。

◆屋根裏部屋の崩壊家族

生気のない二〇歳そこそこのアキコを案じて、主治医から訪問の指示が出た。初めての訪問ではないが気が重い。通院が途切れがちの彼女の住まいは、あばら家同然の二階の屋根裏だった。一階はごみ屋敷同然で、かろうじて古いタイル張りの台所だけが生活感をのぞかせている。急な階段を登った屋根裏部屋の天井にはビニールが張られ、雫《しずく》が溜まっている。父親は酒場通いが続き、帰って来てからも屋根裏の隅で虚ろな表情で酒をあおり、精神疾患を抱えた母は行方不明という〝屋根裏部屋の崩壊家族〟。アキコは健気《けなげ》に小学生の妹の面倒を見ていたが、誰が見ても明らかに疲弊していた。

主治医に報告すると、すぐに「姉妹まとめて連れてこい」と言ってくれて、姉は治療のため入院、妹は母が見つかるまで病室から小学校に通った。〝先生、禁じ手を使ったな〟と思いながらも私は嬉しかった。間もなく行方不明だった母親が市内の廃屋で見つかり、他院に入院したと聞いた。

それからずっと後になってからアキコと少し成長した妹が病院に顔を出してくれた。両親は離婚し、母親と姉妹たちは新しい家に住んでいる、その日は再入院している母の面会の帰りだと言う。皆穏やかな表情だった。私は、「どもならん屋根裏部屋の崩壊家族」などとわかったようなことを言っていた自分を恥じた。家族の絆というのは長い長い時間の中で新しい価値を生み出すこともありうるのだと、彼女たちの笑顔に教わった。

◆どうやるか、なぜやるか

さて、「どうやるか」と「なぜやるか」は、私たちソーシャルワーカーにとっていつもかたわらにある問いかけだ。大小を問わず、日々目の前に横たわる難題に向きあい、「どうやるか」を考える。緊急に対応したほうがいいのか、長期戦の覚悟を決めてのぞめばいいのか、はたまたA案がいいのかB案のほうが望ましいのかなど、さまざまな状況を考えながら選択する。そして同時に「なぜやるか」という根源的な問いかけからも目を反らさない。それがプロと言われるための条件になる。

繰り返しになるが、ここで一九七二年の寒村で目撃した二十数年間の「私宅監置」の事例にまた触れたい。そのときに私が下した決断――半ば強制的な入院説得は、「どうやるか」にしか考えが及んでいなかったことは自明である。頭の中ではわかっているつもりでも、目にした現実の光景に圧倒され、私自身の動揺も激しかった。だがどんなときでも、始まりは「なぜやるか」の問いかけからである。

当事者や家族がそのような状況に至ったのはなぜなのか、その道程を面倒がらずに怖がらずになぞってこそ、自身の中に〝どうしてこの仕事を続けているのか〟という仕事の軸――ソーシャルワーク・アイデンティティが育まれていくのではないか。

そして最後はやはり、呉秀三のこの言葉に戻る。

「我邦《わがくに》十何萬ノ精神病者ハ実ニ此《この》病ヲ受ケタルノ不幸ノ外ニ、此邦《このくに》ニ生レタルノ不幸ヲ重ヌルモノト言フベシ」

せめて自分自身が「この病を受けたこと、この国に生まれたこと」に続く「このワーカーに出会ってしまったこと」という三つ目の不幸にならないように目の前の状況に誠実に向きあう。お世辞にも優等生とは言えない五〇年間のワーカー人生を通した私の持論である。

◆前代未聞のレクリエーション――病棟でのストリップショー

まじめな話が続いたが、まじめ一辺倒にならないのも我がワーカー人生だ。年の瀬が迫ると、必ず思い出す素敵な人たちがいる。

新人ワーカー時代、入院者に個別にレクリエーションの希望を聞き、看護師たちに頭を下げ下げ入院者とマンツーマンでの外出を試みたことは、先に述べた。このスタイルはその後も続けられ、徐々に定着していった。ある年のこと、アベ君が「ストリップを見たい」と言い出した。私に躊躇《ちゅうちょ》はなかった。知っている一座の座長に頼み込み、快諾を得た。「お代はいただきません。プロが演るボランティアをきっちりお見せします。ケーキも用意しましょう」という座長の粋な言葉も嬉しかった。

　その年のクリスマス、病棟は〝前代未聞のレクリエーション〟に沸きに沸いた。舞台ではおなじみの「ローソクSHOW」や「打ち下げ花火（お尻に花火を差し点火）」「卵割り競争（お尻に挟んだ卵を割る）」、目が回るようなブレイクダンス、なまめかしい「夢芝居」の艶姿《あですがた》などが繰り広げられた。リクエストをしたアベ君たちはクリスマスケーキを口いっぱいにほおばりながら、鐘や太鼓を打ち鳴らして〝夢の国〟の住人となっていた。私が自費で取り付けたミラーボールがひときわ輝いて見えた。


　だが、彼らの喜ぶ顔を見ながら内心、私の心は少し揺れていた。これはこれで単純に楽しいのだが、「病棟に世間の風を！」などという大層なお題目は、所詮、私の自己満足に過ぎず、本来の目標である〝地域での暮らし〟にはかなわない。もっと言えば、彼らがあげる歓声は、実は〝地域での暮らしを返せ！〟と言う悲痛な叫びではないのか――などと妙にソーシャルワーカーっぽい、うがったことまで考えてしまった。

　その後、帯広に初めてできた障害者グループホームのお披露目会にもう一度、一座の人たちに出てもらう計画があったのだが、残念ながら実現しなかった。彼らが〝旅公演〟に出てしまっていたからだ。そうそう、その一座――「真麻一家」が全員男性だったことを付け加えておこう。後日、院長と看護部長からはこっぴどく叱られた。自分たちも見に来ていたのに！

◆「俺のことをチクったのはアンタか！」――多問題対応と多機関連携

同じ当事者家族が精神障害だけでなく高齢者の介護やＤＶなどの複数の問題を抱える最近の「多問題」の話をしよう。

ある日、「そちらの障害者グループホームに入居中の人（コバヤシ君）が、母親が利用している介護サービス事業所で〝サービスの使いすぎだ！〟と騒ぎ立てている。どんな青年か？」と母親担当のケアマネジャー（以下、ケアマネ氏）から連絡があった。

そのときは多くは説明しなかったが、後日、さらに「会議をしたい」と打診があり、了解すると間もなく市の高齢者担当部局から「高齢者地域包括ケアシステム研修会」の案内状が送られてきた。見ると、テーマはなんと「コバヤシ氏とその母の介護サービス利用について」と書かれているではないか。ケアマネ氏、市の担当者たちによって話がそこまで大きくなっていたのだ！

いろいろな懸念が予測されたが当日行ってみると、研修会場には五〇名以上の介護分野のスタッフが出席していた。その場で「どうしたら息子さんを納得させ、母に適正な介護サービスを受けさせることができるか」という議題があげられた。参加者に向き合う形で席を用意された私は、少々うんざりしていた。いくつかの質問も受けた。例えば、「障害者グループホームのサービス管理者って何をやっている人ですか？」というような質問だ。私の答え。「ケアマネさんと一緒です。ソーシャルワーカーです」

状況を整理すると、コバヤシ君を担当している私に、ここまで大きくなった会議開催の経緯も知らされず、もちろん当人たちにも何も伝えられないままに、五〇名以上のほぼ見ず知らずの人々の研修会でコバヤシ親子のことが議題になっている——という状況であったのだ。ここで話し合われた内容を万が一、誰かが部外者に語り、彼らの情報が拡散してしまえば重大な人権問題にもなりかねない。残念ながらまだまだこうした縦割り構造によるプライバシーに配慮しない〝お役所的仕事〟がまかり通っている現実が存在する。

結局中途半端な研修会議で終わったが、案の定、事態は懸念したとおりになった。後日コバヤシ君から「俺と母のことで会議があったそうだが、俺のことをチクったのはアンタか！」と抗議を受けたのである。経緯を説明してその誤解は解けたが彼の心情は十分に理解できた。その後、この件に関して主催者側の謝罪も総括らしきものもなかった。

この事例は、もしコバヤシ君の母親のケアマネジメントをソーシャルワークの視点でとらえ、起こりうる問題をケアマネ氏をはじめとするまわりのスタッフが事前に把握していれば、もっと適切で迅速な対応が可能であっただろう。障害・高齢・他分野にまたがるこうした多問題事例は決して目新しいものではなく、むしろ八〇代の高齢の親が五〇代のひきこもりの子どもと一緒に暮らし、経済面を含め支援しているといった「八〇《はちまる》五〇《ごまる》問題」を抱える日本では、今後増加の一途をたどることは明白である。

二〇一一年度の国の検討会報告によると、各自治体ではおおむね二〇二三年度末を目標に「精神障害にも対応した地域包括ケアシステム」が始まろうとしている。だが依然として「高齢者は介護するが、障害者は知らん」またはその逆の歯がゆい縦割り思考があると思う。今後この親子のような事例を繰り返さないためにも、多問題に対応できるような事前の準備や多機関との連携、情報の共有・確認が重要になるだろう。その過程でジェネリック・ソーシャルワークの共通理解、ひいては福祉系資格の統合化が進むことを期待したい。

ここで私の多機関連携の体験を挙げておこう。私は入職直後から地域専門職との連携を模索して、当時十勝管内に五カ所あった保健所の訪問を始めた。「地域」対「病院」というような対抗意識はまったく持ち合わせていなかったが、その頃はまだPSWによる地域活動と保健所による地域の役割の違いなどが自分でも明確でなかったこともあり、保健所を訪ねていってもしばらくは椅子すら勧められなかった。「PSWって何者?」という時代だったのだ。

しかし私には各保健所管轄の、特に町村の保健師や福祉関係機関のスタッフたちと共有したいことは山ほどあった。対応困難例のカンファレンスや自宅退院への下準備のやり方、情報交換、医療中断者への対応の仕方、同伴訪問や生活場面での援助のあり方、現地での家族面接のあり方など、挙げていったらきりがない。

その後ワーカーグループで毎月各保健所に出向き、関係者を巻き込んだ全く新たな会議を始めることにした。「〇〇保健所精神衛生連絡会議」と命名したこの会議は、国内でも珍しい試みのようだった。今で言う「ケア会議」あるいは「事例調整会議」のようなものである。当時の市町村には精神保健行政を担う権限はなかったが、この「精神衛生連絡会議」は町村関係者も巻き込んだ貴重な協働の場となっていった。

じきに保健所の精神科医嘱託制度が始まり、十勝管内五カ所の保健所で医師を交えた月一度の定例会議が行われるようになった。そしてそれは回を重ねてさまざまな不備を修正しながら垣根を越えた〝広域多職種ネットワーク〟に進化していった（寒村で起きたエイコの事例はその中で〝手を焼いている「私宅監置」事例〟だった）。

しかし二〇年ほど続いたこの会議も、行政の合理化や介護保険制度の導入などを理由に徐々に廃止されていった。現在では精神疾患が国民病となり、精神保健福祉サービスの実施主体は保健所とともに市町村も担っている。各地で精神疾患の個別理解や当事者援助に関わるマンパワーの確保や社会資源の創出に苦労しているということを聞くと、今さらながら惜しまれた会議だったと私は思っている。

◆なぜ十勝が結果を出しているのか

次に地域の話をしよう。数字が示す帯広・十勝の精神医療・福祉・保健の概況は、全国的に見てもよくやっているほうだと言われている。例えば二〇二〇年現在、精神科の有床病院数は、本章冒頭で述べた六施設から四施設になり、病床数が最大時一〇一二床から四三一床に減少（人口一万人に対して一二床）しているにもかかわらず、平均在院日数は全国二七五日、全道二六一日であるのに対し、一桁少ない九六日である。これらの数字は全国的に注目され、数多くのレポートにもなって高い評価を受けている。ちなみに二〇〇六年の障害者自立支援法施行時の帯広・十勝の社会資源の概要は以下のようなものである。病院デイ(二)・保健所デイ(五)・地域デイ(六)・作業所(六)・ボランティアグループ(一三)・当事者グループ(一五)・住居(二二)(二五〇室)。そのほかに家族会、依存症関連の施設など。

私自身は、そうした評価を聞かされても「ああ、そうですか」と言う程度で、他地域と数字で比較してもしょうがない、とやや冷めた感じで受け止めている。なぜならば、帯広・十勝が誇る最大の特徴は〝地の利・人の輪〟であるからだ。活動に関わった人たちの思い入れや当事者たちからの評価を置き去りにしたまま、ただ数字を並べて「よくやっている」と言われても困るのである。

〝そもそも論〟になるが、私たちの仕事は、障害者と呼ばれ、生活に多くのハンディを抱えている人たちのニーズを謙虚に聞き、信頼関係を築きながら関わり続け、彼らが望む〝今より少しでも良い〟生活に向かうためのサポートをすることだ。

だが、その一番大事な根っこである当事者の「生活満足度」や「人生の充実感」が本人たちの口から肯定的に語られたことは、帯広ではいまだ一度もないと思うのである。だからなおのこと、帯広・十勝の精神医療・福祉・保健が優れた数字を出していることがそのまま〝恵まれた帯広・十勝の障害者たち〟と暗示させてしまうような括り方に私は違和感を覚えるのである。

確かに住居や日中事業所といったハードやシステム面では他の地に先んじており、そうした環境が退院を促進したり入院期間を縮める結果を生み出しているのだから、関係者全員、そこを誇らしく感じるのは当然であろう。だがいかんせん、そのことと当事者一人ひとりの満足度や充実感が同一になるわけではなく、私の満足度も今一つパッとしない。当事者の方々は、私たちの活動を一体どう評価しているのだろう。そこを立証できる手立てがほしい。長年そう思い続けている。それこそが今の私の宿題である。

そうした現状を踏まえて、「なぜ十勝エリアが結果を出しているか」を「病床削減」と「医師団の姿勢」から私なりに分析してみよう。まずは、どうして有床病院数および病床数を減らすことができたのか、病院群の構成から考えてみたい。

私が駆出しワーカーだった一九七〇年代の帯広市内には、道立緑ヶ丘病院、国立十勝療養所（現・帯広病院）、そして民間の総合病院精神科が二カ所と個人病院が二カ所あった。

道立病院、国立病院は当初から経営の不安が囁《ささや》かれており、経営の安定化という大義のもと病床削減に舵を切るのは自然な流れだった。公的医療機関に位置づけられていた二つの総合病院は時勢を読むのに優れ、精神科病床が病院の稼ぎ頭となっていた時代が去り、国が「社会的入院者の早期解消」を望むようになると、素早く対応してベッドを削減した。そうして一九九六年には私が勤務する総合病院が精神科病棟を廃止し、現在は一カ所のみになっている。

一九九七年からは時代の要請や少子高齢化の流れを汲んだ個人病院の一つも、徐々に病床削減し始め、二〇〇三年からは本格的に高齢者および認知症対応の病院へとシフトした。もう一つの個人病院は二〇〇六年に廃院している。

国内の精神科病院は民間が九〇パーセント近くを占める現状で、当地の最大の特徴は全病床の七〇パーセント近くを公的医療機関が担っている点にある。そこで働く職員たちの環境や待遇、精神面での負担は、つねに採算性を重視し同業者との競合に頭を悩ませる民間病院のスタッフとは異なるものであろうし、労働組合があることも重要なバックアップになっていることは間違いない。そう考えると個人病院が集中する大・中都市と公的な病院の占める割合の高い帯広・十勝という地域の状況は明らかに異なっている。

こうした帯広・十勝の病院群の配置はまさに〝幸運〟としか言いようがなく、一般企業にあるような強引な合併や職員削減などの〝荒療治〟をしなくとも病床数や在院日数の漸減が早期に実現されていくことは想定内だったとも言える。世情を反映した措置でもあり、上層部（本庁など）の意向に沿わざるを得ない部分も大きかったのだろう。結果として大きな削減となった。〝ベッドを減らした〟のではなく〝減った〟ともいえる。

そして「帯広・十勝が結果を出している」もう一つの理由は精神科医師団の存在である。前述の環境的な要因があるとはいえ、帯広の突出した変革は、実にこの精神科医師団の存在に依拠していたのではないかと強く思うのである。しかしそのことを医師ではない私の立場で詳述するのは難しく、勝手な想像をめぐらせるしかないが、このことを抜きにして帯広を語ることはできない。

端的に言えば、帯広・十勝の精神科医師団はソーシャルワーカーなどの他職種を対等なパートナーとして認め、陰に日向《ひなた》に叱咤激励して育ててくれた存在であった。なにせ時代はパターナリスティックで〝保護医療〟華やかりし頃だ。医師の裁量が全ての世界にあって、他職種の介入や組織の変化を嫌い、医師による自己完結的な病院運営であったとしても誰からもとやかく言われることはなかったであろう。

だが、当地の医師は違った。自身の出身大学の医局勉強会に年端もいかない私たちPSWを招き、ソーシャルワークについて理解を深める講義の機会を提供してくれた医師もいた。ある札幌圏の医師との会合で「地域精神衛生は保健所にしかできない領域か」という意見をめぐり激論になったとき、同席していた当地の医師たちが「十勝にはPSWがいます！」と言い切ってくれた場面も思い出す。そうした医師たちの言葉に、我々PSWはどれほど励まされたことか。私の思い込みかもしれないが、当時の医師団と私たちとの間には、立場や職域を超えたパートナーシップがあったように思う。

道立緑ヶ丘病院の初代院長である渡辺寛一先生とは、こんな思い出もある。渡辺先生と私との接点はわずか二年しかなかったが、ワーカー仲間と温めていた「北海道の精神医療の実際」を統計的に俯瞰《ふかん》しようという計画が持ち上がり、そのときに真っ先に頼りにしたのが緑ヶ丘病院長を退職後、道庁に戻られた渡辺先生だった。道内の精神医療の総合的な資料が欲しかったのだが、その時代は機密文書扱いが多く、思いきって先生に相談したところ、「自分たちで書き写すのならOK」と言ってくれた。

渡辺先生が道庁に戻って五、六年目の頃である。私たちは毎週時間のある限り道庁に通っては資料を転記し、その総括を専門誌『精神医療』(岩崎学術出版社、一九七九年)に発表した。通常であれば、一介の若造PSWの頼みで北海道の精神医療の資料を自由に閲覧させる、ましてや転記させるなど、考えられないことである。先生の人間の大きさが感じられた。

その後月日が流れ、二〇〇〇年の春頃にも、札幌市内でクリニックを開業された先生に二時間におよぶロングインタビューをさせていただいたこともある。先生は診療後でお疲れだったにもかかわらず、以前と変わらぬゆったりとした物腰でお話ししてくれた。途中でお茶を運んでくれた女性を招き、「うちで働いてもらっている患者さんだ」と紹介されたときは驚いた。今で言う「ピアスタッフ」(当事者職員)である。

「帯広・十勝での診療活動はどうでしたか?」

と尋ねると、

「どうもこうもないさ。何にも無いんだから。医者が一人でできることなんかないよ。何よりも彼ら(障害当事者)の暮らしのことは全部アンタら(他職種全体)に頼るしかないんだ。君たちPSWも頑張ったよね」

そう真剣な表情で語ってくれた。

さらに私には聞きたいことがあった。

「病棟の外にあった高い煙突の建物は銭湯と聞いていたのですが？」

「そうそう。そんなものだったね。入院者とか障害者って言っても、やっぱり生活者だからね。風呂と言ったら銭湯だと思ってね。入る人は限られるけど、みんな風呂桶持ってのんびりした表情で病棟から通うんだ」

実に嬉しそうに語ってくれた渡辺先生は、ここでも「障害者も生活者なのだ」ということを貫かれていた。病棟ストリップの比ではない。私には本当に大きな影響を与えてくれた先生だった。


こうした医師との関係性がノスタルジックな昔話に終わらず、令和になった現在も帯広・十勝では継承されている――と言ったら、読者の皆さんは驚くだろうか。研ぎ澄まされた人権感覚と強い信念を後輩医師に伝え続けた各病院の初期リーダーの方々――渡辺先生に次いで緑ヶ丘病院の二代目院長に就かれた西堀恭二先生、大江病院・大江覚先生、帯広厚生病院・五十嵐邦彦先生たち――の精神は口伝的に伝えられ、今もなお後輩医師たちの中に生きているように思う。医師が一人では充実した医療・福祉をなしえないように、我々ＰＳＷもまた単独ではそれをなしえない。無形ではあるが、そうしたマインドこそが当地に息づくかけがえのない〝十勝精神医療遺産〟のような気がする。

◆当事者グループと市民ボランティア講座の誕生

帯広・十勝の地域特性の延長として、これまであまり公に語られることのなかった当地の当事者グループの活動と市民ボランティアの活動についても触れておきたい。

一九八〇年代後半から二〇一〇年までの間、帯広市内外には一〇組を超える当事者グループが存在していた。もとは各精神科単位の患者活動で、ソーシャルワーカーが先導するような形で茶話会やレクリエーション、見学会、キャンプなどを行っていたが、それらが徐々に当事者が主宰するものとなり、月例化していった。同じ思いを共有できる者同士で社会的回復を目指す――今で言うリカバリー活動の一環といえようか。

趣味や日替わりのメニューを楽しむグループもあれば、保健所のデイケアを継承する集まりやパフォーマンスサークルなどのグループもあり、それぞれが個性的かつ主体性をもってダイナミックに動いていた。メンバーの中には後述する「こころの病　市民ボランティア講座」の講師として毎回自らの体験談を語ってくれる人もいた。

そうした活動実績を背景に一九九四年、当事者たちによる「NPO法人十勝ソーシャルクラブ連合会」が発足した。彼らは一九八八年に自分たちの手で当事者グループの全国大会を帯広で開催している。ところが発足のわずか四年後に同会は解散し、それと前後してほとんどの当事者グループが急速に活動に終止符を打った。今も活動しているグループは十勝管内で一組となってしまった。

二〇一三年に施行された障害者総合支援法とともに多くの日中事業所が立ち上がり、ピアサポート活動・アウトリーチ活動が事業化された頃でもあり、メンバーの高齢化やそれぞれの事情で皆が新たな道を拓いていったのかもしれない。各グループが終息に向かうまでの経過がわからないのが残念だ。

現在の帯広では研修を受けた当事者数名がピアサポート活動のメンバーとして、あるいはピアスタッフとして働いているが、その数は二桁にも満たない。私たちが日常的に彼らと関わる場は以前に比べて圧倒的に少なくなってしまった。事業者や施設側に目を向けても、当事者活動に専心できて、なおかつコーディネート力に優れた、現状の課題分析や活動の将来像まで考えられる実学経験のあるスタッフは、残念ながら十分と言うにはほど遠く、関与しているスタッフたちも忸怩《じくじ》たる思いではないか。当事者活動はこれからの精神保健福祉活動の核の一つであり、国も重要な政策課題と位置づけているにも関わらず、〝当事者とどう協働するか〟という命題は、いまだ宙ぶらりんになっている印象は否めない。当事者活動のトータルな議論ができる場がほしいところだ。

そうした中で帯広には現在、小規模なＮＰＯ法人だが「ほっと・ぷらっと」という地域活動センターがあり、私も活動初期から関心を持っていた。運営スタッフは当事者やその家族、専門職、市民ボランティアなどで、喫茶経営やリサイクル製品の販売・買い取り、当事者・市民向けの研修や講座、月刊誌の発行を行っている。活動は地味だが、何かが凝縮し一体となった未来共生型の活動集団の感がある。ぜひ知っておいていただきたい。

◆グループホームと「こころの病　市民ボランティア講座」

私たち十勝のワーカーは一九八〇年代に「心のまちづくり」という目標を掲げた。その頃の精神保健福祉の未来予想図の一つに当事者と市民の共生があった。社会の潮流がそうであったし、帯広はそれが可能になる地域環境だった。

住居に関しても一九七〇年代、帯広市内ではすでに民間の複数の下宿屋さんが、精神障害者と呼ばれていた人たちを入居させ、日常生活の世話をしていた。古い賃貸物件ばかりだったが、一九八二年に某病院から一六室ある新築の共同住宅を提供していただいた。帯広市内で初めての障害者グループホームの誕生である。私を含む「月曜会」のメンバー三名と後輩ＰＳＷ二名を加えた五人にその運営が任された。

「朋友荘」と名づけられたそのグループホームには、しかし工事間もなく近隣住民から不安の声が上がった。私たちグループホームの運営者と町内会との話し合いが行われた。私たちにしてみれば「住むのにいちいち許可がいるのか」という姿勢で話し合いに臨んだ。考えようによっては不遜な中央突破の姿勢だった。

この件の前後にも同様の経験をし、「やはり世間は精神障害者と言われている人に冷たいのだ」と肩を落としたが、一方で「じゃあ自分たち専門職は世間に対して何か障害者理解のための活動をしてきたのか」という自問も生まれ、その思いはこの後のボランティア講座につながっていく。

初めてのグループホーム運営は、さまざまな課題や発見を我々に与えてくれた。院外での地域生活が病院では常識とされていた「退院の垣根」を大きく下げることもわかった。だが、個性の固まりのような入居者に対して病院のように常駐する専任職員がいなかったため、夜間や休日の職員不在時の対応には頭を悩ませた。無論、近隣への気配りも怠ってはならなかった。

結局、我々五人のＰＳＷのうち、任意のうえで数名の自宅の電話番号一覧を廊下のピンク電話のそばに貼り出した。病院では御法度《ごはっと》のやり方だ。結果、他院に通う入居者からも毎夜のように電話が鳴った。だれもが皆、初めてづくしの経験でつねに不安を抱えていたのだろう。六年後には二カ所目の共同住居「悠夢ハイツ」（二〇室）も運営することになり、そこでもそのスタイルは変えなかった。

さて、ボランティアの話である。一九八七年、当事者や地域の仲間と手作りの精神保健ボランティア講座プログラムを練り、北海道主導の官民共同の啓発団体「十勝精神保健協会」の主催で国内で二番目、道内では初めての「こころの病　市民ボランティア講座」がスタートした。そこには講座をきっかけに地域の精神保健福祉の状況を変えたいという関係者共通の思いがあった。

実際に蓋《ふた》を開けてみると二〇人の定員を大きく上回った受講希望者が集まり、想像していた以上に世間の人たちの精神保健への関心が高いことを知った。開催地も帯広を皮切りに、徐々に近隣町村に拡大し、その後の二〇年間で講座修了者は一〇〇〇人以上。並行してさまざまなボランティアグループが立ち上がった。

講座初期の受講者が口にした「心を癒すのは病院だけですか?」という発言は、今も鮮明に覚えている。地域活動のキーワードは市民と障害当事者のソーシャルインクルージョンなのだと、あらためて実感させられた。「ソーシャルインクルージョン」というのは、社会的に弱い立場にある人々も含めた市民一人ひとりが、だれ一人排除されることなく社会の一員として取り込まれ、支え合って生きる――という考え方である。「心を癒すのは病院だけですか?」という言葉は、入院患者の立場から心の再生を描いたロージー・ローガンの名著『心の病が癒される時』の一節「愛と理解に代わる薬などありはしない」を彷彿とさせ、洋の東西を問わず心を癒すには当事者同士やボランティアによるインフォーマルな力も必要なのだと再確認した。

その後、精神障害者のための公益社団法人「やどかりの里」理事長の谷中輝雄氏(当時、故人)の協力を得て、北海道の主要都市で保健所やワーカーグループによるボランティア講座を開催すると同時にボランティアグループを立ち上げていった。このことについては第四章で述べたい。

帯広での最初の講座立ち上げから一〇年後の一九九七年には、東洋大学の窪田暁子先生、大坪省三先生、北海道医療大学の佐々木敏明先生らを招き、「第一回心のボランティア全道交流会」を帯広で開催した。道内各地から三〇〇名以上の参加者が集まった。ボランティアと当事者それぞれの代表が声を揃えて、障害の有無を乗り越えてともにまちづくりに邁進する決意を表明し、その後、市民参加型の活動が全道に展開されていった。

以下は「こころの病　市民ボランティア講座」の受講を経て、ある作業所で二年ほど活動をしていたボランティアさんのエピソードである。

ある日、彼女が皆の前で「夫の転勤で帯広を去ることになりました」と緊張した面持ちで打ち明けた。

「実は私は難治性の病気と言われていて、毎朝目が覚めるのか不安な日々でした。でも希望を捨てていません。皆さんには〝ありがとう〟と言いたいです。だから皆さんも……」

と言いかけた時、普段無口なカズコが突然口を開いた。

「だから何さ、あんたたちも頑張ってねってか。恩着せがましく言わないでよね」

私もヒヤリとしたが、それ以上に作業所に緊張が走った。呆然とするボランティアさんを前に気まずい沈黙が流れ、やがてカズコが静かに言葉を継いだ。

「私たちのことは心配しないで。それにあんたには旦那もいるし、大事な子供さんだっているる。だから絶対大丈夫。第一、私たちがいるじゃない。ここでのことを忘れないで。離れても皆で応援する」

凍りついた空気が一転して皆が笑顔を見せるなか、ボランティアさんはむせび泣きながら何度も何度もうなずいていた。立場を越えて、ともに支え合えるものがあるのだと実感した瞬間だった。

このような形で帯広発のボランティア講座の評判は徐々に高まっていったが、他方「市民ボランティアに何ができるのか」と言う陰口めいたことが囁《ささや》かれてもいた。ボランティアの相談役になるコーディネーターの不在やボランティア活動を受け入れる場所の開拓不足など、我々が力不足であったことは否めない。

いまだに明確な理由はわからないが二〇〇七年に突如、主催者の決定により「こころの病市民ボランティア講座」は終了が決まり、それに引きずられるように大部分のボランティアグループが活動を終わらせた。

こうして、地域精神保健福祉の核となる当事者グループの主体的な活動と、市民ボランティアの育成・活動の場、この両翼がほぼ同時期に姿を消してしまった。これまで私たちソーシャルワーカーの立場でこのことについてどう考えたらいいのか検証はされてこなかったし、あえて語ろうとする人もいなかった。ソーシャルワーカーの一人として私にも何かできることがあったはずだと悔やむばかりである。自身の発信力の無さが本当に悔やまれる。

◆「これで安心して眠れる」

本項で最後にもう一つ紹介したいエピソードがある。貧相なアパートの六畳一間に住む、八〇歳近くの老人宅への訪問が三年目に突入していた一九九〇年頃の話だ。この頃はまだ「精神は福祉分野外」であり、福祉機関に協力を求めても難色を示されることが多く、自宅訪問も私自身が対応していた。老人に家族はいない。悪性の内科疾患を併発しており、自力で動くこともままならず、看護師と二名のボランティアさんが交代で毎日身辺介護や洗濯・布団干し・食事の世話・受診同行を続けていた。

私たちは日々汗みどろの〝戦闘モード〟だった。何せ本人に口さがない。「この役立たずが！」が口癖だったから、ボランティアさんには感謝しつつ申し訳なく思っていた。

本人が拒否し続けていた内科に入院が決まったときは、医師から「余命一、二カ月」と診断された。そしてとうとう「今日か明日か」という知らせがきて急いで会いに行くと「お前にゃ用はない！　あのババァたちを呼べ！」と叱られ、言われたとおりにした。

数時間後、二人のボランティアさんが病室から涙で顔をくしゃくしゃにして出てきた。一瞬、また「このアホどもが！」と言われたのだろうかと心配したが、老人の口から出たのは「ありがとな、ありがとな」という繰り返しの感謝の言葉で、最期は「これで安心して眠れる」と静かに目を閉じたと言う。救われた気がした。

胸をなで下ろしつつ、さりげなく聞いてみた。

「俺のことは何か……？」

「いえ、特に」

「あ、そう……」（いや、いいんだけどね）

あれからもう三〇年近くが経った。ボランティアの現場は善意も思いやりも報われないことが多いが、こんな素敵なこともあるのだ。そこには「押しつけない」「勝手に決めつけない」「私欲を捨てる」など人生のうえでも大事な教訓が詰まっている。学ぶことばかりである。

第二章
越境するソーシャルワーカー

◆ソーシャルワーク　トンデモ本作ろうぜ

年下の同志からこんな話を聞いたことがある。入職したての頃、ある研修会で事例発表を行った。するとその発表を聞いた他の参加者から彼の事例発表が失敗事例のごとく扱われ、多くの不備を指摘された。苦い思いで発表を終えた彼は、「もう金輪際、こんな場には出たくない」と思ったと言う。その話がずっと私の頭に残っていて、ある時私は仲間に言った。

「おい、トンデモ本作ろうぜ」

「また、小栗さん、面白そうなことを思いついたね」

仲間とソーシャルワークの実践本の自費出版を考えたのである。タイトルは『ソーシャル

ワーク トンデモ本』。とんでもない事例集という意味だが、中味はいたくまじめなものになるはずだった。日頃表には出ないような失敗事例をあえて集めて本にしようと考えたのである。

どの専門職の人にも成功体験はある。その成功体験は公私の場で披瀝《ひれき》され、称賛や評価を得、共有知になっていく。だが実は、その甘みたっぷりの果実は無数の試行錯誤を経たうえでの結果であり、後ろを振り返れば幾多のトンデモ話（失敗事例）が屍《しかばね》のごとく横たわっているはずだが、その詳細や経緯が語られることはない。せいぜい居酒屋談議か苦笑交じりの愚痴《ぐち》っぽい話で終わる。だが、失敗は成功の原石である。

ある仲間がこう言った。

「専門職であろうと当事者であろうと人が生きる過程は泥臭く、決して格好のいいものではない。多くの人は後からその体験を語るとき、前後に意味付けをしたり、演出が施されて話が再構成されたりするので、その泥臭さがカットされてしまうことが少なくない。だが当事者もソーシャルワーカーも現実生活を〝泥臭く〟生きる一市民である。生活を守るために時にはあまり人に言えないような奥の手を使って生きている。そうした私たち自身の〝弱さ〟を公に認める必要はないのだろうか」

トンデモ本の構想はもうひと昔前の話だが、当時の思いが手元にある二〇〇八年のノートにこう綴られている。

「〝トンデモ〟の中にこそソーシャルワークの神髄やキラリと光る原石があるやに思う。あえて付け加えれば、〝アンチ成果主義〟か。アンダーグラウンド良し！　まわり道・寄り道結構。居酒屋論議も捨てたもんじゃあない！　恥かき、汗かき、ベソかき上等！　という回路をフル回転できないか」

大層な口上だと思うが、試行錯誤の研究は重要であり、そのことを堂々と発表できる場がそろそろ必要ではないかというのは今もそう思う。微力ながらこの本も、その一端になれば幸甚である。

◆「Y問題」から導かれた「札幌宣言」とは

一九七三年六月、横浜で開かれた日本精神医学ソーシャル・ワーカー協会（略称・日本ＰＳＷ協会、現・日本精神保健福祉士協会）の第九回全国大会に持ち込まれた「Y問題」（「Y」とは当事者のイニシャル）と、その後一〇年近くにおよぶ組織の混乱期を経て一九八二年に札幌開催の全国大会で採択された「札幌宣言」――これらの問題をどう考えてきたかと問われると、答えに詰まる。

「Y問題」「札幌宣言」について改めて述べておこう。

一九六九年、「息子Yが母親に暴力をふるう、バットを振り回す」とY氏の父親から相談を受けた精神衛生相談センターの精神衛生相談員が、Y氏に直接会うことなく本人を精神障害と判断した。その後、精神衛生相談センターから連絡を受けた保健所のＰＳＷが、家族から拒否されたにもかかわらず、警官を同行して自宅を訪問。Y氏を強制的に精神科病院に入院させた。

その四年後の一九七三年、日本精神医学ソーシャル・ワーカー協会の全国大会でY氏本人が登壇し、「PSWの実践がクライエントの人権を侵害することがありうる」という問題を提起した。事態を深刻に受け止めた協会はその後議論を重ね、「Y問題」から一〇年近く経った一九八二年、札幌で開催された第一八回全国大会で「札幌宣言」を発表。「精神障害者の社会的復権と福祉のための専門的・社会的活動を進めること」をPSWの実践目標とし、PSWの国家資格化に向けて動き出した。

「Y問題」が起きたときの私は、二八歳。第一章で触れた仕事の原風景――寒村での二十数年間にわたる「私宅監置」の洗礼を受け、この仕事の〝理想と現実〟を少しずつ理解し始めていた時期だった。無論、「Y問題」の衝撃は遠く北海道にも到達し、各地で喧々諤々《けんけんがくがく》の論議が交わされていたが、私自身はと言うと、「あれは倫理観や人権感覚が欠如した、ソーシャルワークに縁もゆかりもない人たちによる、役所ぐるみの単純な犯罪でしょ」などとぼんやり思っていた程度であった。

しかし協会の一〇年近くにおよぶ論議の中には「PSWは、たとえ法(精神衛生法)に叶う範囲の業務を遂行しても、結果として障害当事者への不利益、すなわち人権侵害などにつながる危険もあるという実態が明らかになった」という意見もあり、その「業務を遂行」している以上、私自身も「Y問題」まがいのことが皆無だったとは言いきれず、自然歯切れも悪くなる厄介な問題ではあった。

その「Y問題」から導かれた「札幌宣言」の活動指針――PSWは精神障害者の社会的復権と福祉のための専門的・社会的活動を進めること――は、私にとってさらに気が重くなる底なし沼に足を踏み入れるような難題だった。それから約四〇年後の二〇二一年秋には北海道で三回目の全国大会が開催される。しかし、当事者にとっての「社会的復権」は実際のところ、この四〇年間で現実のものとなっているのだろうか？　「札幌宣言」という言葉にした以上、その実践目標がどれだけ実現できたかの検証が必要であろう。だがそうした検証結果が公表されたことはない。

正直に言うと、私は「社会的復権」の意味がよくわかっていないのかもしれない。そもそも「社会的復権」とは全ての人が享受すべき幸福の原点ではないのか。その中でさらに障害者と呼ばれている人々の――時を費やして私が関わってきた彼ら精神障害者の――決して豊かとは言えない現実の生活を見ると、私の口から「社会的復権にカンパイ！」などとはとても言えないのである。

それよりも「当たり前のソーシャルワークを頑張る」ことのほうが、自分のようなひねくれ者にはわかりいい。結局行き着くところは、当事者一人ひとりの暮らしぶりを凝視し、自他に誠実にコツコツと。これに尽きるのではないか。次にあげた事例もまったくそのようなものだ。

市内から一時間以上離れた地域に住んでいる当事者の家族から「荒れている」とのSOSが入り、家に向かった。夕刻から数時間かけた精神科受診の説得も「クソッたれ、帰れガキ」の繰り返しでラチがあかず終わってしまった。外はすでに暗くなり、明日の出直しがおっくうだったので私は少し離れた駐車場で車内泊を決めこんだ。家族の不安な表情が頭から離れないのだ。

翌日朝駆けをした。意表を突かれた彼は昨日とは打って変わってうろたえ、しぶしぶ受診を(場合によっては入院も)了解してくれた。寝込みを襲った形になったが、意外にも当人は「卑怯な奴めと思ったけど、お前の顔も立てなきゃな」とニヤリと笑った。それは彼のほうから〝お前(私のこと)との関係性〟を示してくれたようなものだった。業界用語を使わなくとも彼らの多くは〝俺とあいつ(この場合は私)のつきあいの距離〟を測っているのだ。

だが、「寝込みを襲う」ような私のやり方に「そこまでするか?」と眉をひそめる関係者がいることは知っている。ワーカーとしての逸脱行為や人権問題を考えると、人によっては「受診はしないという彼の自己決定が正しい」と思うむきもあるだろう(もっと言うと、大都市には家族の足下を見て、精神病院と結託し「訪問・説得・収容・強制入院」を生業にしている〝引き出し屋〟もいる)。

結局のところ、こうした珍しくはない事例の中でもやはり「なぜやるか」を私は考える。そのうえで行動しているつもりだが、「受診しない、というのが俺の自己決定だ」と頭ごなしに言われてしまうと、どうしようもない。しかしそれでも必死になって打開策を考えるしかない。「どうしたらいいのだろう」。結局のところ、相手との関係性——関わりの深さと連続性——から答えを見出す以外の方法を思いつかない。

◆日本の精神医療はどうなってる

二〇一四年のある日、知人からこんなメールがきた。

NHKのETVで福島原発の影響で予期せぬ退院となった精神障害者のルポが放送されていた。悲惨な入院生活を批判的に扱っていたが、映像を見る限りアパート生活に移った彼は生き生きとしているし、自立もしているようだった。その彼がどうして何十年もの間入院生活をしていなければならなかったのか。病院関係者の談話では〝長期入院が妥当〟と言っていたが、番組を見ている側には腑《ふ》に落ちない。何か、精神病院特有の事情やルールがあるのか？　何が正しいのか？

知人の質問の勢いに乗せられて思わず書いた返事が以下である。

「日本の悪しき精神医療云々」とは、もう十分過ぎるほど聞かされてきた。日本の精神病院における長期入院と病床数や在院日数の多さ、さらに自殺率の異様な高さなどをOECDが公表してからすでに二〇年以上が過ぎている。

しかしそのずっと以前から東京オリンピックや万博などの国際的な大イベントを前にし

て、怪しげな住民は皆病院や施設へ、という大政翼賛会的国民の大合唱が聞こえていた。その結果一九六〇年前後から三五万床(一説には地球上の全精神病床の二〇パーセントとも言われている)という圧倒的な数の精神病院群が乱立し、しかも入院期間は数十年。行き場を失った家族や当事者、そこにつけこむ国と悪徳精神病院、過剰なマスコミ報道、「社会に受け皿がない」という国・地方行政、医療・福祉関係者、当事者や家族等々の言い訳や自己完結と諦め。人権侵害と糾弾する〝進歩的〟関係者。「Y問題」もそんな背景の中で発生した。

しかし、こんな批判や歴史や実情は現場の人たちは、言われるまでもなくとうに知っているし、中にはそんな批判に傷つき心を痛めながらも、誠実に精神医療業務に関わっている人も大勢いることを私は知っている。

周知のとおり、この間実に多くの関係者が事態を憂い精神医療改革、反精神医療、脱施設化、精神病院開放を叫び続けた。数多の業界のリーダー的関係者やオピニオンリーダーと自認する人々はこぞって海外の先進的精神医療地域へ詣《もう》で、帰国後は「日本にも新たな精神医療システムを!」と力強く訴えた。多少興奮気味に。(中略)

精神医療批判を大所高所《たいしょこうしょ》から論じ、論破するのは小気味がいい。私にも一時そんな時期があった。だが数字を見れば瞭然である。一体この五〇年、精神科病床はどれだけ減ったというのか。それは全病床の一割にも満たない。しかし国は飽くことなくこれでもかと政策をまくしたてる。「二〇二五年には八〜一〇万床削減する(人口一万人に対し二〇床)」(二〇一八年厚生労働省)と。言わないよりもまだマシということだろうか。

そうしてこの間も非同意入院者が増え続け、毎年約一万人の精神病院入院者が、世間の日の目を見ることなく病院内で生涯を閉じていることは、国民のほとんどに知らされていない。

「嘘は誠実につくものだ」という私の流儀から言えば、安全地帯からの声高な「病院改革・解放」の訴えは、誠実さに欠ける嘘だと思う。十数年ほど前にも、厚労省は精神病床の七万二〇〇〇床削減構想をぶち上げたが、これは業界と国民の顔色を伺ったアドバルーンに過ぎず、案の定この構想は時を待たずして一気にしぼんだ。

もし本気で日本の精神医療を変えたいと思うのならば、戦うべき相手は一〇六〇余りの病院（うち八七パーセントが民間病院）全三三・五万床（人口一万人に対して二六・三床）、関連業界や各種団体、そして被雇用者が三〇万人超、その家族を含めおよそ一〇〇万人という国家プロジェクトで成立した頑強なシステムだ。私はこれを国の精神医療行政と精神病院群が利害のみを追求した結果生まれたシステム「国《こく》・精村《せいむら》」と呼んでいるが、ここにメスを入れるには当事者や家族、精神保健福祉の現場にいる者、そして地方行政に携わる者全員の戦う覚悟と意思統一が必要になる。

アメリカでは一九六三年の「ケネディ教書」を契機に大規模精神病院（大部分が州立病院）が一気に解体され、結果コミュニティに取り残された精神障害者をケアするために本格的な地域ケア思想が生起したという話は、イタリアのトリエステやイギリスなどの地域実践の例とともによく使われる。日本でも早くそうあってほしいものだ。

知人からの問い合わせに以上のように書き、最後に「精神医療の状況には私たちも手をこまねいているのが実情だ。せいぜい福祉領域から外堀を埋めるくらいが精一杯だ」としめくくってメールを返信した。

もし日本の精神病院と病床の数が欧米並みになれば（英国のベッド数は人口一万に対して五床）、障害者と呼ばれてきた多くの人たちが地域で暮らし始めることになる。それを人の当然の権利として受け入れ、寛容性や多様性を実感できる共生社会になった時に、日本国民は世界に胸を張れるだろう。私は「精神保健福祉はまちづくり」だと信じている。その実現には旧来の精神保健福祉の解体が必要だ。だが、日本の寛容性や多様性の許容度は国連調査によると先進国中圧倒的に下位であると言う。やれやれである。

精神病者は、いつも我々とともにいた。恐れられ、怪しまれ、笑われ、哀れまれ、あるいは苦しめられ、しかしほとんど治ることはなかった。

（ギドー・M・クロセティ著『偏見・スティグマ・精神病』星和書店）

いや、そんなことはない、と言える時代がくることを信じたい。

◆ある悪しき精神病院のこと

この流れで思い出したことがある。この仕事について間もなく、道外の何件もの精神病院の不祥事が報道された。また、道内でもいくつかの精神病院が「問題の多い病院」と呼ばれていることを知った。

私は平成の元号になった一九八九年から一〇年間、日本精神医学ソーシャル・ワーカー協会北海道支部の支部長を担った。前述の「札幌宣言」の余韻も残っており、〝ＰＳＷあるべき論〟や精神病院批判が社会を席捲《せっけん》していた頃である。当時ＰＳＷの認知度は低く、道内一二〇余りの病院でＰＳＷを採用しているところは半数に満たない状態だったこともあり、支部長在任期間中は全道各地の精神病院へＰＳＷ採用の必要性を訴える陳情行脚に徹していた。

その中でも度々、「問題の多い病院」のことは話題にのぼった。「札幌宣言」が掲げる当事者の社会復帰などには無関心で、数十年間にわたる長期入院者を抱え、入院者の人生を丸抱えしている――そんな病院がやり玉にあがっていた。

ある年の研修会で、そうした「悪しき病院」に勤務するＰＳＷと顔を合わせた。私は彼に日本ＰＳＷ協会北海道支部の役員になることを勧め、彼も了承してくれた。その後誠実に役員業務をこなしていた彼に、あるとき思いきって「君のいる病院はどんな状況か？」と訊ねたところ、躊躇《ちゅうちょ》しながら「一度理事長とお会いください」という意外な言葉が返ってきた。翌年、数名の理事と一緒に噂の病院を訪ねることになった。

その病院のある町は一級河川の西側が市街地で、病院は川を挟んだ東側に位置していた。町民からは「川向こう」と呼ばれていると言う。私の幼少期にも「悪さをしたら〝みどり〟だよ」と、お仕置きの場として道立緑ヶ丘病院をそう呼んでいたことを思い出した。

病院に入ると、奥から入院者グループによるきれいな合唱が流れてきた。一瞬、「私たちへの歓迎の意味なのかな」と思ったが、後で聞くと「月末の市民合唱祭のための練習」だった。

そして訪問した「悪しき病院」の理事長の話は、我々が思いもかけないものだった。以下、その概略を記す。

「私は若い頃は市街地で別の診療科の開業医だった。日頃、障害を持っている人たちやその家族が随分苦労しているのを見て、精神科医局に入り直して精神科医になり、市街地から離れたこの原野同様の〝川向こう〟に開業した。当時は精神病院に行くには何時間もかけて他の町まで行かなければならなかったから。私や職員は〝この人たちを家族として受け入れ、彼らの人生を守る。市街地に戻して苦労をさせたくない〟という信念でやってきた。今となっては在院期間も長いし、社会的入院者も多い。みんな年齢もいっている。他からの批判は認識しているし、時代遅れだとも思う。女房には〝そんなことは人様に言わなくてもいい〟と怒られるかもしれないが、彼女は自分のポケットマネーで毎月入院者一人ひとりに手作りの誕生日プレゼントをあげ、外出時にはいつも手作りの弁当を持たせている。私の考えをわかってくれているんだなと受け止めている。うちのＰＳＷには、外に出て入院者の社会参加を進めるように言っているが、何せこの病院の噂が噂だから苦労しているようだ」

ひとしきり話を終えた理事長は、最後にポツリとつぶやいた。

「昔はどこの病院からも敬遠された大酒飲みとか乱暴で厄介な患者さんを、役所に三拝九拝《さんぱいきゅうはい》されて引き受けてね。そうしたら次々と送ってくるから、そんな人が長く居座っちまった……」

そのときに見せた理事長の表情は、一言では表すことのできない複雑なものだった。

その後院内を見学させていただくと、家族経営的な穏やかな空気が流れていた。病棟プログラムも豊富だし、院外レクも多い。だが良かれと思ってやっているのであろうが、典型的なパターナリスティックな部分が垣間見えたのも事実であった。

開院当初から理事長とともに仕事をしてきた年配の看護部長からも理事長と同じ話を聞かせていただいた。話の最後に看護部長はその日案内役を務めてくれた自院のＰＳＷを指して「この子をしっかり教育してやってください」と頭を下げられ、こちらのほうがかえって恐縮してしまった。深い温かみのある方だった。

帰り際に市内の外れにある作業所を見せてもらった。中で一〇人程が作業に就いていた。廃屋同然の借家だと言う。「ここがあるだけで本当に助かります」とＰＳＷは言い、「もちろん赤字ですが、病院の応援もあるので頑張りたいです」とも語ってくれた。

「問題のある病院とは、悪しき病院とは何だろう？」

この日私は、他所を含め「悪しき病院」を一刀両断にしてきた自分の気持ちといやがおうにも向き合うことになり、複雑な思いで帰途に着いた。

後日、その病院のＰＳＷには中断していた協会の機関誌のリニューアル再発刊を委ねた。その機関誌は現在も引き継がれている。

◆寝耳に水の病棟閉鎖、昼休みのビラ配り

それは全く唐突であった。地元の総合病院に入職して二八年目の一九九六年、二月某日の地元紙に勤務先の記事が載った。「精神科病棟が四月で廃止。外来は存続」という見出しが五段抜きで躍っていた。「管内の病床が充足」「不採算」等々のお決まりの理由であった。時代の趨勢《すうせい》からも病床削減に異論はなかったが、それよりも当事者、その家族、職員に事前の説明が一切無く、まるで闇討ちにあったかのようなやり口に不快感が募った。

無論、入・通院の患者さんや家族からも不安や不満が噴出した。「所詮、精神患者だからなぁ」「俺たちじゃ儲からないんだろっ」と自らの存在をネガティブに自己規定する当事者もいれば、息子に手を引かれながら来室し「どうぞこの子を見捨てないでください！」と両手を合わせ何度も頭を下げる盲目の老母もいた。この病棟でＰＳＷ人生のスタートを切り、ここを足場に地域活動を展開しながら育ったという思いでいた私にとって、この事態は相当こたえた。

一般にＰＳＷは「Ｙ問題」と「札幌宣言」以降、雇用者の意向に従うサラリーマン的な立場と、

「当事者のためによりよいサービスを提供したい」という自身の職業的欲求との狭間で身を引き裂かれるような思いをしてきた。いわゆる「二重拘束」(ダブルバインド)である。そのうえ識者からは、倫理規定を後ろ盾に「人権や職業的使命、社会変革に真剣に取り組まないPSWは専門職とは認め難い」というようなことを勝ち誇ったように言われてきた。だが、そんな御託《ごたく》はクソ喰らえだ!

突然の病棟閉鎖宣言に「自分に何かできることはないのか」と思いつつ、「安っぽいヒロイズムにひたるな」「時代の流れだ。ヘンなことをしたら現場で干されるぞ」といったもう一人の自分の声が頭の中で響いていた。そんなどっちつかずの気持ちに決着が着いたのは、「自分がワーカーとして後悔しないことが大事だ」という単純なことに思いが至った時だ。そして私は強い衝動に突き動かされた。

新聞報道から一カ月間、毎日、昼休みにわずかな時間休暇を加えて一人、市内の繁華街で手作りビラを配り続けた。ビラの内容はもちろん病院批判もあったが、ケンカごしの「病棟廃止反対!」ではなく「精神科を安定的に存続させ、高齢化も迎える市民のメンタルヘルスを考えてほしい」という内容にした。

病院内では私の行動はさして話題にならず、「小栗が何かやってるよ」くらいの受け止め方で、労働組合も動かなかった。上司である医師には事前に話していた。医師は「わかりました」と言ってくれた。二人の看護師が「手伝います」と来てくれたが、「〝手伝う〟のではなく、あなた方自身がこの問題に関心を持ってやるのであれば、このビラを使ってください」と伝えた。彼女たちは自分の意思で、土日のビラ配りを別の場所で続けてくれた。仲間がいたと思うとうれしかった。

ビラを配っているとさまざまな目にあう。「敷地の外に出てください！」と路面店の方から追い払われたことも一度や二度ではなかった。一度、ビラを破り捨てた高齢の男性が戻ってきて「お前は何を言いたいのだ！」と詰め寄るのでこちらも本気で説明したら、「よし、アンタの気持ちはわかった。勝ち目なしだが頑張れよ！」と励ましの言葉を残して去って行った。

だがそれ以上に心強く思ったのは、私の行動に真っすぐに共感してくれた旧知の当事者たちだった。「小栗さん、昼ご飯を食べに行って。残りのビラは俺たちで配っておくから」と言われたときは本当にうれしかった。

以上が短い期間ではあったが、私の意地から生まれたビラ配り顛末記である。まわりから「いい気になって」の声も聞こえていたし、「病院への不満があるなら辞めたら？」という苦情の手紙も病院宛てに届いていた。看護師や当事者のごく数人の仲間を除くと、他に賛同者はいなかった。私が常日頃唱えていた「ネットワーク」や「連携」「社会的使命」などの建前が揺らぐ気がした。

いずれにせよ私のこんな行動で状況が変わるわけもなく、患者さんやご家族に安心してもらえたわけでもない。精神科病棟は新聞報道にあった通り二カ月後に閉鎖し、私はと言えば、特にビラ配りのおとがめもなく事態は収束していった。このとき私は五〇歳を過ぎており、この歳で自分の立ち位置を試されるのかと苦々しい思いだったが、「病院活動も地域活動も」という自身の理念に照らし合わせて自分に嘘をつかなくてすんだとも思い、後悔はなかった。

その一方で、反省するところもあった。私の足場である病院での活動に私はほとんど寄与することができなかった。情報共有ができていなかったためである。「地域活動」や「二足のわらじ」と言っても、やはり所属機関と共有できる価値を見出さなければ、せっかくの地域活動も自己満足に終わってしまいかねない。そんなことを思い知らされたビラ配りの体験だった。余談だが以降、街中のティッシュやビラ配りの諸君には優しく接するようになった。

余談をもうひとつ。この職場では入職直後に私が旗降り役となって労働組合を立ち上げた。医療現場の労働運動は激しい戦いの連続だった。月一〇〇時間を超える残業をやめさせる。三〇名程の臨時職員を正職員にさせる。院内保育所を作らせる。市民のきつい批判を受けながら一週間にわたる完全ゼネストや街中でのデモ行進を敢行したこともある。当然病院側とは対立した。その間「数を頼む卑怯者、経営難はお前たちのせいだ」という誹《そし》りを受けつつも成果を上げていた私は、常に「たとえこれが正しい行為だとしても、自分の身の丈に合った行為だったのか?」という自問を抱え、自信の持てない日々を送っていた。ビラ配りの体験はそのことを思い出させた。

いつだって「覚悟はできているのか?」という問いかけがついてまわるワーカー人生である。

◆三つの原則・五つの備忘録・七つの目標

病院のソーシャルワークと並行して地域活動を続けていると、「二足のわらじ」「企業外戦士」などと揶揄《やゆ》されることがある。しかし私は、医療機関に所属していても医療と福祉と地域の境界を行き来するのがワーカーのアイデンティティだと強く思っていたし、その越境者たる活動が援助プロセスそのものをいっそう豊かにすると今も信じている。当時の職場からはたびたび「その〝地域〟とやらから給料をもらったらどうか」と笑えない皮肉を言われたが。

「精神保健福祉はまちづくり」という考え方がない時代だったからこそ、その頃の私たちPSWの地域活動には新たな地平が見えるような高揚感があった。「真っ白いキャンバスに精神保健福祉のデザインを描く」――そんな青臭い志《こころざし》を皆が抱いていたのかもしれない。

障害当事者の〝地域で暮らしたい〟という思いがあり、援助を求められれば彼らが望む地点まで横並びで一緒に進んでいくということに我々は何一つ躊躇《ちゅうちょ》はなかった。それがソーシャルワーカーの存在意義だという思いは、PSW仲間全員の共通認識であったと思う。

病院の業務と地域活動の並行は必然的に地域福祉の課題をあぶり出し、地域側から常に医療とPSWのあり方を問い質された。だから病院と地域が対極にあると考えたことは一度もない。病院と地域は並列した対等の社会資源である。それが有機的に機能してほしいと願うのは、今も昔も変わらない。

そのように病院と地域の関係を考える私は、一九八〇年代後半から日本PSW協会北海道支部の機関紙や講演活動などでことあるごとに「精神保健福祉はまちづくりである」と訴え、地域活動に関わる者の心得として「三つの原則・五つの備忘録・七つの目標」を掲げてきた。困難な時に立ち寄る港をイメージして考えたものだ。既存の専門職的権威モデルへの批判も含んでいる。自らの支援を善意や社会的正義と勘違いした〝上から目線〟の対応や、当事者の私物化や囲い込みといった旧弊にとらわれた対応——そうした行いを回避するための規範になれば、という思いがあってまとめたものだ。

詳細は次の通りである。

●三つの原則

①マンパワーを含め全ての社会資源は市民の共有財産であり、当事者による自由なサービス利用を保証する（オープンシステム）。

②「うちの患者、うちの施設」という囲い込み意識から脱却する。

③「抱え込まず、選別せず、市民として」という視点を持つ。

●五つの備忘録

①当事者を中心とした生活者への再構築作業、即ち社会資源の創出である。
②非専門職を含む構成メンバー（チーム）の関係は常に柔軟な姿勢を持つ。
③構成メンバーは相補的であり手柄を奪い合うような競争原理は相容れない。
④伝える情報と伝えてはいけない情報を峻別する力を持つ。
⑤当事者やインフォーマルな人々との対等な協働を確認する。

●七つの目標

①意（自己決定や当事者中心の考え方）
②医（敷居の低い良心的医療）
③食（食生活の改善や食の提供）
④職（仕事や生きがい、居場所）
⑤住（生活拠点）
⑥友（友人やグループ活動）
⑦遊（余暇や心の拠り所）

「七つの目標」は、「衣食住」の語呂をヒントに私たちなりの経験知から導き出したものだが、奇しくも「やどかりの里」創設者である谷中輝雄氏の障害者援助観を表わす「ごく当たり前の生活」論と軌を一にしているのではないかと思う。「意・医・食・職・住・友・遊」の確保が誰にとっても「ごく当たり前の生活」の条件なのだが、当事者である彼らにはそれがどれほど難しいことか。援助であれ福祉サービスであれこの「七つの目標」に向かってそれが行われている限りその手法がどのようなものであっても構わない。彼らに「当たり前の生活」をしてもらうための目標である。

この「三つの原則・五つの備忘録・七つの目標」は二〇〇六年の障害者自立支援法施行後に一部修正したものの今見ても十分だと言えない。しかし基本の精神に間違いはないだろう。ただ残念なことに専門職的権威モデルがいまだ影を潜めていない。そのことによって「精神保健福祉活動はまちづくり」の理念は常に危うい状況にあると言える。

ちなみにキャッチコピー作りが好きな私が考えた「心得」がもう一つある。「三つの禁句」とでも言うべき「三テル症候群」である。「三テル症候群」では、「夜寝てる?」「ご飯食べてる?」「薬服《の》んでる?」という当事者に対するソーシャルワーカーの紋切り型の質問を諌《いさ》めている。無論それらを確認することは大事だが、そうした表面上のやりとりにとどまらず「三つの原則・五つの備忘録・七つの目標」に常に立ち戻って考え、コミュニケーションをとることが大切だと思う。

◆制度や仕組みの隙間にこぼれ落ちるもの

日常的な医療的ケアが必要な難病の「医療的ケア児」や、ひきこもり、発達障害、多問題家族への対応など、医療福祉の分野では時代や状況に応じて新たな制度や仕組みが出来上がる。そしてそのたびに、当然のようにどこにも割り振ることができない「隙間」のケースが顕在化する。その「隙間を見つける・埋める・作らない」こともソーシャルワークの重要な役目だと私は思っている。少し古いがこんな事例がある。

●「ボ・ク・モ・ガッ・コ・ウ・ニ・ユ・キ・タ・イ」

平成がスタートして数年後のことである。小児科医からのオーダーで脳性麻痺の新生児とその家族との関わりが始まった。終生寝たきりを余儀なくされた在宅酸素が必要な子どもの退院準備と在宅ケア準備が私に与えられた役割だった。この一連の過程で医療的ケア児への施策がほとんど無いことを知った私は大いに戸惑った。

そして数年後、就学年になったある日、本人から「ボ・ク・モ・ガッ・コ・ウ・ニ・ユ・キ・タ・イ」と車椅子の上から言われ、ハッとした。教師による自宅訪問授業を受けさせておけばよい、というものではなかった。迂闊《うかつ》だった。

この子の就学には自治体も強い関心を持ち、医療的ケア児通学のためのサポート作りが始まった。まず病院の医療スタッフに声をかけ、次に介護分野のワーカーやスタッフ、ボランティアなどから協力者を募った。母子と話し合い、市内の各所に手分けして事情を伝え募金のためのチラシを配布したり、メディアに取材で協力してもらったりした。バイオリン奏者を招いてのチャリティーライブも行った。こうした活動が実って関係者の理解を得ることができ、この子の登校授業が軌道に乗った時はホッとした。それから三〇年以上が経つ。現在はこうした子どもたちに十分なサポート体制は整っているのだろうか。

●「私も障害者だったら……」

「身障者用の公営住宅に住みたい」という女性の希望から始まった事例である。下肢の成長が止まり、上半身は成人並みだが、身長が一三〇センチメートルに満たない骨軟骨形成不全の女性とその娘の母子世帯である。市の公営アパートに申し込み、三階の部屋に当選したが、そのアパートにはエレベーターがなかった。それで一階の部屋を希望したが役所からは「NO」という非情な答えが返ってきた。

当時の障害判定は徹底した医学モデルを基準にしており、彼女の場合、行政的には〝短足の小さな人〟にとどまり、「障害非該当」であった。そのことを知ったときは私も落胆した。日常でこれまでどれほど不便さを感じてきたことだろう。家事や育児、階段やバスの昇り降り、数え上げれば切りがないだろう。それが二四時間、いや終生続くのだ。担当医も「そんなバカなことがあるか！」と激怒し、役所に単身抗議に行ったほどである。その後も親子の希望をなんとか実現したくて担当医とともに多くの時間を割いたが、ついにその願いを叶えることはできなかった。「私も障害者だったら……」。そんな本人のつぶやきがいつまでも耳に残っている。

また法制度の話ではないが、忘れがたいご兄弟もいる。

●兄弟の死、剖検依頼に心を揺らす主治医

三歳違いの兄弟とその家族に突然悲劇が起こった。まず三〇代半ばの兄が強度の健忘症状によって入院し、二年後に同様の症状で弟も入院した。その時点で改善の兆しが見えない兄と入院したばかりの弟は二人とも大学病院に転院し、確定診断を待つこととなった。

数カ月後、地元の病院に戻ってきたが、二人は若年性の脳気質疾患で極めて予後が悪く早期に死に至る可能性が高いという非常に厳しい診断が下されていた。当時としては稀な疾患であり、しかも兄弟揃ってということもあり、大学病院からは地元の若い主治医に対し「剖検（病理解剖）の了解を得るように家族を説得してほしい」という強い要望があったという。

「ちょっとシンドイなぁ」

と主治医は困っていた。私も同じ現場にいるだけに主治医の辛い気持ちはよくわかった。

「その時には大学病院からもご家族に挨拶に来るものなのでしょうね」

何気なく聞く私に、「まさか」と言いたげに肩をすぼめ、

「来ると思いますか？」

少し自嘲《じちょうぎみ》気味に答える主治医の言葉に私は耳を疑った。

兄弟での治療・入院によって根こそぎ覆《くつがえ》った家族の暮らし。その苦悩を知る身としては、死後の剖検についての連絡を家族に直接伝えずに一本の電話や書面で済ませる、物を右から左に

動かすような大学病院の感覚にどうしても納得できず「研究者のなんという傲慢さ！　っざけんじゃねぇよ！」と憤慨《ふんがい》したのを今でも思い出す。それから間もなく兄が亡くなり、あとを追うように弟も他界した。ともに四〇歳に届かぬ痛ましい生涯だった。

臓器移植や遺伝子治療などの最先端医療は日進月歩で進んでいるが、相手を慮《おもんぱか》るという人として当たり前の行為が医療現場から置き去りにされていかないことを切に願うばかりだ。

◆多職種ネットワークを駆使して

〝独特の多職種ネットワーク〟を駆使してソーシャルワークを実践してきた帯広・十勝のワーカーグループには、知る人ぞ知る「民主制徒弟制度」という不文律がある。良くも悪くも帯広・十勝の活動は体育会系あるいは徒弟制のノリで機能してきたのである。リーダーとなった人がさまざまな職種の人を動かす〝ボスネット〟と言ってもいい。うまく機能すればスピード感を持って大きな力を発揮するが、時には年長者による独裁的な状況にもなる。

今もその名残《なごり》はあるが、そうした〝制度〟が成り立っていたのは「何でもあり」であった私たちＰＳＷ第一次世代の〝特権〟のおかげであろう。これがいつまでも継続されるとは思わない。ネットワークのありようも時代とともに変わるからだ。しかし今は精神保健福祉分野だけのネットワークで事足りる時代でもない。新しい時代には新しい人たちのネットワークに期待したい。

ネットワークづくりは難しい。仲良しグループでもダメだし、〝ボスの一言〟で全てが決まるトップダウン型やアリバイづくりに終始するような役所主導型でもうまくいかない。個人・組織それぞれの事情も絡んでくる。正直辟易《へきえき》させられるが、だがなんといってもネットワークの魅力は、グループの一員として活動していく中で一人ひとりが成長していくそのダイナミズムにある。共通の目標に向かう過程で多様な価値観や方法論を知ることができるのである。

小さなことでもいい、ネットワークでの成功体験を積み重ねることで個々人のスーパーバイズ機能も生まれ、互いの信頼感や仲間意識の醸成とともに自分の役割に気づくことができる。それが成長の糧《かて》になるのである。そのためにはまずお互いの顔が見えるネットワークづくりが必要だ。どんな世界でも足で稼ぎ、顔を見せて言葉を交わし、共通の場を作ることが大切だ。そうしたネットワークづくりができる人材が今後もぜひ育ってほしい。

などと理想論ばかりを掲げる私だが、時には逃げも隠れもする。もちろんほめられたものではなくお勧めもできないが、頼れる仲間たちに、時には甘えて我が身に降りかかった困難を彼らに振ってしまう。その彼らも一勤め人である自分とPSWアイデンティティの「二重拘束」の重石《おもし》を引きずりながら、さまざまな取り組みに挑んでくれた。

以下は、帯広の多職種ネットワークを基盤にした取り組み事例である。

●精神科病院対抗の合同運動会および球技大会――一九七〇年から始まった。市内六つの精神科病院合同の大イベントで、入院者と職員を合わせ数百人にのぼる一大行事になった。

●自閉症児・知的障害児の療育キャンプ――一九七三年から始まり、自閉症児・知的障害児の夏の恒例行事となった。これは、児童福祉関係の仲間の一言から始まった。ワーカー仲間のつてを頼り、毎年多くの市民や看護学生、青年会議所の人などがボランティアで参加した。後には自衛隊の協力も得て、最終年に参加者は総勢三〇〇名を超えた。私たちのワーカーグループは一五年ほどで手を引き、親の会へ引き継いたが、その後も事業は継続されていた。行政における障害児保育や統合保育にも多くの示唆を与え、それなりの成果があったように思う。

●一九九三年、私たちのワーカーグループは「市民の心の健康と精神障害者の生活と福祉のための提言書」を帯広市に提出した。その提言にある事業はPSWと当時の市長との懇談の中で構想が持ち上がったものだった。それらを実現すべく私たちのグループはさまざまな関係機関に声をかけ、数カ月かけた議論の中で概要を次のようにまとめた。中断した事業もあるが、その多くが実現した。どれも未来を見つめたものばかりである。

・社会復帰施策の展開（住居、仲間づくり、ドロップインセンター、嗜癖《しへき》関連など）

・働く場の確保（職業訓練や職業紹介制度など）
・精神保健ケアステーション構想
・各種助成制度
・専門職やボランティアの育成や活用
・「精神保健宣言都市」構想
・国際交流と研修——二〇〇四年からACT（包括型地域生活支援プログラム）発祥の地であるアメリカ・ウィスコンシン州デーン郡マディソン市との交流を開始。二〇〇六年には国際姉妹都市となり、精神保健はもとより農商業面での交流も続いている。

この他にも毎年のように全国学会や研修会、著名人による講演会など数多くのイベントを開催しており、その準備や運営、交流を通し、当事者・家族・ボランティアを含めた帯広・十勝の独特な多職種ネットワークが作られていった。当時の参加者は皆、それらのイベントの準備に没頭した。中でも忘れられないのは二〇〇八年一月に開催した帯広・マディソン交流協会主催の「スーパーシンポジウム　二一世紀へのいのち・くらし・未来」である。米国マディソン市長のデイビッド・チェスレビッチ氏と千葉県知事の堂本暁子氏、国際医療福祉大学大学院教授の大熊由紀子氏、そして帯広市長の砂川敏文氏の四氏をゲストに迎えて大いに語っていただいた。帯広ならではの企画であった。

総じてどの試みも未来志向型の地域精神保健福祉システムを先取りしていたと思う。イベントの準備の過程で「オレが」「わたしが」と言う人はなく、皆、多職種・多機関の仲間たちと一体になって取り組んだ。「人は石垣」である。一人ひとりの力は小さくてもその力が結集すれば大きな力を発揮する。役割や関わり方の濃淡はあったとしても、地域の課題に共に取り組み成果を上げた参加者一人ひとりのことを私は誇りに思っている。

◆オール十勝の決定版「へぐり座」公演

こうした〝オール十勝〟の多職種ネットワーク全盛期の中で、私にとってとりわけ思い入れの深いイベントが、二〇〇三年一〇月五日に隣町の音更《おとふけ》町でお披露目された「劇団へぐり座」公演である。

劇団へぐり座公演は「いのちと癒しをつむぎあう　希望から再生へ」と題した第四七回精神保健北海道大会の開催地企画として立ち上げたパフォーマンス劇である。大会の構成は、第一部が、作家の遠藤周作夫人であり、当時NPO法人「円ブリオ基金センター」の理事長を務めておられた遠藤順子氏をお招きした講演「いのちを見つめて」、第二部が「やさしい医療に出会いたい」と題した遠藤順子氏と「ささえあい医療人権センターCOML」の辻本好子氏の対談（後述）、そして第三部が劇団「へぐり座」公演となっていた。

大会四カ月前の六月一八日、「オール十勝で楽しい劇をやりたい！」と書いた一枚のファックスをネットワークを形成している個人や団体に一斉に配信した。それに反応したのが各種の施

夢語り自分解放「変われるかも…」

心の病克服へ劇団結成

心の病 超えて 演技で生き生き

「子供のころの夢」をテーマにしたパフォーマンスを演じる参加者

「へぐり座」10月初公演 けい

7月10日（木曜日） 十勝毎日

劇団へぐり座」公演に向け猛練習

10月の精神保健道大会

タムラ花店

「劇団へぐり座」を報じた地元紙

設・機関の職員や当事者、家族、市民ボランティアなどの総勢五十余名。名前も知らない者同士が週一回集まる夜間例会での四カ月にわたる〝旅〟が始まった。

ちなみに「へぐり座」の「へぐり」の由来は、この本の第二部の「はじめに」にも書かれているとおり、昔ある研修会で若手のワーカーが私（小栗）のことを「帯広の、あの……へ、へ、へぐりさんはお元気ですか！」と言ったのが大ウケして、仲間うちに定着したと聞いている。例えば、野球チームなら「へぐりーズ」、パークゴルフ大会は「へぐりカップ杯」、イベント主催者名は「へぐりＳＡＣＴ」。いつの間にか神様に祭り上げられ「へぐり教」などというのもある。そういうわけで劇団の名前もすぐに決まったようだった。

ここで少し長くなるが、「へぐり座」公演当日に至るまでの話をしておこう。私は以前からＰＳＷグループによるお遊び的なミュージカルや劇をやりたくて（単に芸事が好きというだけの理由だが）、ことあるごとに皆に声をかけていたのだが、そのほとんどが聞かぬふりでスルーされていた。そこにこの精神保健北海道大会の話があり、ちょうど重なった十勝精神保健協会三〇周年記念も兼ねた地元企画として一気に話が進んだ。うれしかった。

当初、言い出しっぺの私が作ったシナリオは〝オール十勝〟を踏まえつつ、ある程度ストーリーも台詞もあるものだった。またこのとき、自らも劇団を主宰し、主に東欧で活躍されていた帯広出身の舞台演出家・西田豊子氏（以下「先生」と呼ぶ）を知己の医師から紹介され、「へぐり座」のサポートを引き受けてくれるという話がまとまっていた。

「へぐり座」の練習風景

「へぐり座」の車座ミーティング

先生と初顔合わせの日、ワーカー仲間の後輩と二人で会いに行った私は勇んで持参したシナリオを読んでいただいた。先生はわずか数ページに目を通したあと、私の目を見据えながら突然シナリオを破り捨て、あっけにとられる私たちにこう言った。

「アナタ、学校で英語を何年間習いましたか？　普通は六、七年くらい習いますよね。それで英語を話せるようになりますか？　そうはいきませんよね。障害を持っている人をはじめ五十数名の人がこの四カ月間でシナリオを覚え、演技をするということの無謀さをアナタ、舐めてませんか！」

一言一言が突き刺さった。

「公演の主旨は十分理解しています。だから〝オール十勝〟へのお手伝いはさせていただきます。ただし、アナタのような勘違いをしている方は裏方ならいざ知らず、ステージに上げることは絶対できません。それが最低条件です」

返す言葉もなかった。その後の私は先生との約束を守って裏方に徹し、ステージには一度も上がらなかった。カーテンコールの時も皆が手招きしてくれたが〝主役は君たちだよ〟と粋がって遠慮した。

そのような〝前哨戦《ぜんしょうせん》〟を経て、その後の練習が始まった。先生は〝オール十勝〟の公演内容を純然たる芝居ではなく複数のグループによるパフォーマンスのようなものに決めた。

そのパフォーマンスの練習は、参加者を五つのグループに分けるところから始まった。二人の進行役以外はほとんど台詞がなく、五つのグループに分かれた参加者たちが自分たちで話し合ってやりたいこと、表現したいことを決めていくという舞台だった。夢や希望や今思っていること、地元十勝の大好きな風景や大切な思い出……。ストーリーもシナリオもない。だから演技は無用。心から沸き立つものを遊びながら表現していく――というのが先生のパフォーマンスのやり方だった。

そして先生は公演の主旨やこうした練習の進め方を皆に説明したあとは特段指導はしなかった。時折二言三言声をかける程度で、いつも穏やかな表情で全体を見守っていた。指導者の結論を押しつけたりせずに、個々の能力や可能性を信じて待つ。本人たちがとことん話し合った結果を受け止める。時にはほめて個々の自信を引き出すこともあった。そのスタイルは、まさに我々ワーカーが目指すところとも重なり、「ああ、これがプロなのか」と感服するばかりであった。

練習の場にはいつも笑い声が弾け、参加者たちは互いのヘマやチョンボもほめ合った。無論、波風が一度も立たなかったわけではないが、そういうときこそ日頃「雑務の達人」を自称している私が動けばいいことだった。「こんな幼稚園ごっこなんぞ、やってられるか！」と部屋を飛び出していった者も、次の例会には「すんませんでした」と顔を出し、拍手で迎えられた。「今日はとんがっているね」と言われ、我に返ったように笑顔を返す者もいた。いつしか心が通い合い、「この例会のために一週間を頑張る」と言った誰かの発言が皆の思いを代弁していた。

練習期間も終盤になった頃、練習風景を見ながら私にぽつりともらした先生の一言が、今も心に残っている。「〝へぐり〟って名は何だかねえ……。でもアナタは案外いい人なのかもしれませんね……」

そして迎えた一〇月五日の音更町文化センター大ホール、六〇〇名の観客が見守るなか、総勢五十余名がステージに立った。

舞台装置・小道具は、一〇〇円ショップで買ったビニールテープや数十枚の紙皿、一二個の小さなボックスだけ。各グループがそれらをさまざまなモノに見立てて自由に使い、思いの丈を表現していく。ピアノが得意なボランティアさんがそれぞれのグループのパフォーマンスを盛り上げるため、あるいは間をつなげるために、ステージ中央に置かれたピアノでテーマ曲の『明日があるさ』を時にやさしく、時に軽やかに奏でていく。

虫捕りや水切りや鬼ごっこに夢中になっている子ども時代の「自分」。夕日を背に「みんなーっ、ご飯だよー」と告げる「お母さん」。腰が抜けるほど頑張った運動会。夜空にきらめく無数の星たち。真っ白い芋の花が波打つ十勝の田園風景や帯広名物・四〇〇メートルベンチの壮観。バイクでの世界一周の旅、車イスでのファッションショー……。個人と集団の身体、表情、動作が織りなすさまざまなシーン。それが観客の前に現れては消えてゆく。五つのグループが自分たちで生み出したそれぞれの夢の形……。

絶妙な進行役コンビのはたらきもあり、客席は沸いた。何度も大爆笑の波が押し寄せ、その合間には感動のあまり涙して鼻をすする音が客席から聞こえていた。全員が主役であり、全員が仲間。皆がきら星の如くステージの上で輝いていた。「先輩の無言の業務命令ですから」と冷

「へぐり座」公演のラストシーン

「へぐり座」公演のフィナーレ

めた表情で参加動機を語っていた後輩ＰＳＷも、フィナーレの『明日があるさ』の替え歌大合唱では皆と肩を組みながら泣いていた――。

こうして精神保健北海道大会における「へぐり座」公演は無事終了した。五十数名の参加者にとって「へぐり座」のいったい何がよかったのだろうと考えてみる。ただそこにいるだけで認められ、許される居心地の良さか。自分のありのままを表現するという行為の心身の解放感か。立場や境遇を超えた仲間との一体感か……。「舞台独得の高揚感」や「集団陶酔」といった紋切り型の言葉ではうまく説明できない。かと言って「精神医療の対極にある夢のような空間」と言うのもちょっと違う。

ポツリポツリと語ってくれた当事者たちの言《こと》の端《は》を集めてみる。

「楽しいから」

「皆と一緒にいたいから」

「病気になって人を嫌いになった。でもへぐり座は好き。へぐり座を好きと言えた自分が好き」

「何もいいことのない五十余年だった。でも今が青春と思っている」

「自分にとって一〇月五日は一生残る〃へぐり記念日〃です」

「親に言えば怒られるから黙って参加していた。へぐり座に励まされなければ続けられなかった」（と言った彼女の両親は、客席でこぼれる涙を何度も何度もぬぐっていた。）

後日、「へぐり座」で育んだ仲間の輪をもとに当事者たちのパフォーマンス・サークル「リバティ・ウイング」が誕生した。彼らは高齢者施設や保育所などの慰問ボランティアを何年か続けた。

では私にとって「へぐり座」とは何だったのか？　正直、今もまだ言葉にするのは難しい。ただその日――二〇〇三年一〇月五日は、長く「共生のまちづくり」を掲げてきた自分の思いが、これ以上ない形になって目の前に立ち上がった「夢の記念日」――とでも言おうか。ＰＳＷの役割？　野暮なことは言うなって。

◆生き残るためのジェネリック・ソーシャルワーク

二〇一三年四月に施行された障害者総合支援法以降、福祉サービスのメニューは圧倒的に増加し、事業所間の競合化が進んでいる。それに伴いソーシャルワーカーの役割も細分化している。また、当事者も障害程度によって区分化され、それに応じた報酬体系となったために、現場はますます効率化が求められるようになった。

私たちソーシャルワーカーの業務が正当に評価されることに異存はないし、当事者の選択肢が増えたことも歓迎すべきだろう。しかしさまざまな業態が参入したことで事業が拡散し、サービスを複合的に利用する当事者への包括的なマネジメントがなおざりにされたままでは、各機関の連携をより一層退化させることになる。

近年注目を集める「地域ケア」や「ネットワーク」といった、旧来の「医療・保健・福祉」の枠組みを大きく変えるかもしれないこれらの重要なキーワードが各所で語られている一方で、その担い手に関する言及は十分とは言えず、私の実感としても最近は、何かと現場で話が噛み合わない場面に出くわすことが多くなった（第三章で詳述する）。

年寄りの繰《く》り言《ごと》のように聞こえるかもしれないが、皆足で稼ぐことをしなくなり、〝無駄〟の中にある価値を見ようとしなくなった。そもそも「ソーシャルワークとは何か？」を語ろうとする場面がほとんど見られなくなり、実現したい夢や目指すまちの未来像も聞かなくなった。

なぜなのか。精神・知的・身体の三障害の福祉サービスが統合化されたものの、現場を担う専門職各自の学問的背景や前職の土壌の違いが輻湊《ふくそう》しているからなのか。それはちょうど、介護保険法施行直後に介護・福祉サービスが統合されたことで玉石混交の対人援助が入り乱れ、現場が戸惑った状況を想起させる。

実際、「ソーシャルワークを知らなくても事業は成り立つ」と言わんばかりの事業者もいて、少しひるむ。ソーシャルワーカー自体が絶滅危惧種の様相を呈している。

昔「魂のない政策は絵に描いた餅だ！」と声高に叫んでいた輩《やから》が、時が過ぎた今「金にならない政策なんぞは餅にもならん！」と堂々とうそぶける時代になった。そんな日和見《ひよりみ》主義はともかく、現実に戻るとやはり気になるのは国や自治体の方向性だろう。批判ばかりでは時代は進まない。

大きく見渡せば障害者総合支援法があり、さらに高齢者サービスや児童サービスとの相互利用を可とする政策があり、「地域生活支援拠点」や「地域包括ケアシステム」「我がこと・丸ごと」なる政策が次々と自治体で遂行されている。事業者にとっては利害得失が絡む多くの業態や役割職が生まれ、福祉サービスの充実と事業の採算を天秤にかけるという永遠の課題はこれからも続くのだろう。

では私たちがこの業界でソーシャルワーカーとして良質な福祉ビジネスモデルを構築するには、どのような姿勢で臨むべきなのか。答えはそう複雑ではない。キーワードは、相互理解と協働に基づく「ジェネリック・ソーシャルワーク」だ。

これからの時代は、「目の前のことに心が奪われがちな」役割職ワーカーから意識を進め、共通の倫理と価値と技術を全うできるジェネリックなソーシャルワークを生かしきることに力を注ぐべきだ。利用者に信頼される現場を作り、業務の価値を上げ、一人のニーズでも真剣に耳を傾け、利用者を切り捨てない。これに尽きる。

福祉現場であろうと医療現場であろうと介護現場であろうと、ソーシャルワーカー同士が適度な〝見える関係〟を保ち、〝こうすればより良いサービスが提供できる〟ということを実証したい。地域と結ばれ、人とつながり、私たちソーシャルワーカーの役割や価値が当事者のためにあることを忘れなければ、きっと未来はある。そう信じている。

◆私の宿題――十勝の未来をつくる三つの目標

ここから先は私の宿題の話である。

「入院中心の保護的医療から地域の社会参加へ」――これを実現するために、全国各地で今、地域を巻き込んださまざまなシステムづくりやプログラムづくりが進んでいるが、その中でも帯広・十勝の地域精神保健福祉活動が先進的な取り組みを行ってきたことは前章で述べた。では次の課題は何だろう。それは以下の三つだと考えている。

①当事者の視点から自分たちの生活満足度を評価できる仕組みづくり
②精神保健ボランティア講座の再開――「順繰りのお互いさま」へ
③スーパーバイズ体制の構築

一つ目の課題「当事者の視点から自分たちの生活満足度を評価できる仕組みづくり」は、いわゆる「生活満足度の見える化」である。前章の「なぜ十勝エリアが結果を出していると言われるのか」でも述べたように、当事者の生活満足度への評価が「当事者主体」や「リカバリー」「インクルージョン」につながり、ひいては私たち専門職の発想や視点とは異なる新たな「心のまちづくり」像につながるのではないかと考える。

また、実態とは乖離《かいり》した帯広・十勝の〝恵まれた障害者像〟を払拭《ふっしょく》するためにも、当事者の「社会的復権」を彼らの実生活に基づいて検証できる道筋を探したいという積年の思いもあってこのような課題を掲げた。

しかし正直なところ、「言うは易《やす》し」で難渋《なんじゅう》している。そもそも個人の生活満足度には普遍的な物差しがない。そのため、何をもって「満足」とするかの共通項を探し出すのさえ困難だ。現状では直接当人に聞くか「個別支援計画」に記入してもらって確認するしかないのだが、少なくともこれまでのように支援者側の感覚的な印象だけで評価することがあってはならないのは確かだ。近年は国際的な治療満足度評価方法である「CSQ—8J」も開発されているが、それはあくまでも「治療」に対する「満足度」であって「生活」に対する「満足度」ではない。私たちが対象としている障害当事者の「生活満足度の見える化」につながる指標の開発にも期待したい。

「愛の反対は憎しみではなく、無関心である」

マザー・テレサのよく知られた言葉であるが、精神保健福祉の領域に身を置いているとなおのこと得心する。精神障害の問題は、身内や隣人、友人知人に患った人がいない限り、自分事としてとらえることは極めて難しい。

その理解の手助けになるのが、二つ目の課題に掲げた「精神保健ボランティア講座の再開」ではないかと思う。ボランティアをすることで当事者との距離を縮めていくと、面倒を見るという一方的な関係から〝お互いさま〟の関係が生まれ、その先に「ともに」という心のまちづくりの一端が見えてくる。

以下に精神保健ボランティア講座の有用性を整理してみる。

●良き友人として互いに学び合う——当事者のそばにそっといてくれる隣人の役割。多くの障害当事者が抱える疎外感や不安を緩和し、他者や社会への信頼醸成につなげる。ボランティアが当事者から学ぶことも多い。

●「非専門家」だからできることがある——専門職には意外と規制が多い。しかしボランティアには規制が少なく、雑談をしたり失敗を話すことを含めて、友人・知人の関係で交流できる。市民と当事者が一つの地平に存在していることを確認し合う。

●役割モデルとしての存在——当事者が自分の好ましい姿やなりたいイメージを身近なボランティアの中に見出し、本来の自分らしさを取り戻す一助になることがある。

●プライバシーを学ぶ——「気安さと馴れ馴れしさ」「聞くことと聞き流すこと」「伝えることと伝えてはいけないこと」など、人として大切なプライバシーに対する意識が高まる。相手の身になって考える経験が人間的な成長につながる。

●地域を変えうる原動力になる——ボランティア講座で得た知識や実践の体験を地域社会に伝えていってほしい。障害当事者と地域社会の架け橋になる人が増えることで誤解や偏見が是正され障害者理解を深める近道になる。

そして三つ目の課題は、地域の中での共通の「スーパーバイズ体制の構築」である。現場では多くの専門職が迷い、困惑している。答えが見出せないまま職場を去っていく人も多い。その喪失はあまりにも大きい。自分一人で自分を奮い立たせる行為に限界があるのは明らかだ。

もし地域の中で共有できるスーパーバイズ体制があれば、去る者の足を止め、心もとない支援者たちのさらなる成長にもつながるだろう。一人ではない、ということに救われるのは当事者も支援者も同じなのだから。

第三章
社会の中のソーシャルワーカー

◆「お墓参りしようか」

彼女と最初に顔を合わせたのは、四〇年近くも前のことだ。二〇歳そこそこで発病して以来、何度か入退院を繰り返し、やがて通院が途絶えた。その後、家は市内から二時間もかかる田舎町ゆえに助けてくれる人もなく、両親からのＳＯＳがあればやむを得ず、私が何度も自宅を訪問した。両親と一緒になだめたりすかしたり脅したりして、無理くり入院をさせたこともあった。

泣き虫でお人好しで、親孝行で甘えん坊。周囲を温かくしてくれる女性だった。両親もそんな彼女を愛し続けたが、残念ながらお二人とも六〇代の若さで相次いで亡くなられた。

時が経ち、彼女の受診病院も変わり私との関わりも自然と途切れたが、風の便りにグループホームで穏やかに暮らしていると聞いていた。

ある日、私たちのNPO法人が運営する生活介護事業所の所長から「新規の利用で来られた女性が理事長を知っているようです」との連絡を受けた。事業所に行ってみると、彼女だった。私と顔を合わせるとすぐに涙目になり寄ってきた。穏やかな雰囲気は昔のままだった。いろいろと話をし、彼女の両親の話になった。

「墓参りはどうしてる?」

私が聞くと、

「一度も行ってない」

と言う。とっさに

「来年は一緒に墓参りに行こうか」

と言うと、

「ホント？　連れて行ってほしい」

と嬉しそうに言ってまた涙ぐんだ。そして

「来年だと小栗さんの墓参りもあるかもしれないね。小栗さんも元気でやらなきゃだめよ」

と、涙目で笑いながら言い、頭をポンポンされた。私も思わず泣き笑いになってしまった。

オイっ、爺さんをいじってどうすんだよ。この人たちはなんでこんなに優しいのだ、と思った。そして思いついた。

そうだ、来年はグループホーム入居者のお墓参りツアーを事業化しよう……。

◆最大自由と最少ルール

二〇二一年現在、私は、二〇〇五年に立ち上げたＮＰＯ法人十勝障害者サポートネット（略称サポネ）に籍を置いている。サポネには四つの就労継続支援Ｂ型事業所、二つの地域活動支援センター、生活介護事業所などの法人事業があり、私自身は帯広市内にある男女混合の介護サービス包括型グループホーム事業所「新未来荘」「きぼう荘」「たかしば荘」の八住居八二室を担当している。

グループホームは男女混合で、職員の勤務は日勤体制のみである。日々難題が起き、運営はなかなか難しい。精神科病棟の勤務を経験すると、どうしても「自由」ということを考えてしまうからだ。

病院生活には必ず「鍵と病棟ルール」がある。生活を安全に維持するためにはやむを得ないことなのかもしれない。しかしルールをたくさん作って管理をすれば楽かもしれないが、今度はルールを守ってもらうために膨大なエネルギーがいるし、軋轢《あつれき》も大きい。そして入院者は他者の作ったルールの中での人生しか考えなくなる。それが一番怖い。

そのため私は、自分たちの事業コンセプトを「最大自由で最少規律」「自己責任」の二つにした。だから夜間に自ら救急車を手配したり、不安な時警察に長電話をして気を晴らす入居者もいる。事後報告をされるスタッフも「そうだったんだぁ」と大らかに聞いている。それも本人なりの社会資源の利用と考えればいいではないかと割り切っているのである。

私たちのグループホームは障害当事者の個別の住居という位置づけだから門限もない。よほどのことがない限りは金銭管理もしないし、入居者間でトラブルがあっても仲を取り持つようなことは極力せず、事故が予測されない限り、何事も見て見ぬ振りをすることが多い。時には入居者から「何にもしてくれない」とお叱りを受けることもある。「サポネはぬるい」とも言われているらしいが、まあ、当たらずといえども遠からずだ。

誤解をされると困るが、もちろんサービス管理責任者は常駐しているし、さまざまなトラブルへの即時対応もする。二四時間、SOS対応をはじめ、警察や病院との連携、緊急時の職員の一斉動員など、生活や命への配慮を最優先に行動するのは他の事業者と変わらない。だが私たちのグループホームは入居者の終《つい》の住処《すみか》になろうとは全く考えていない。できれば次の一歩を踏み出すためのプラットホームでありたいと思っている。

そしてサポネには「世間に通る行動を」というスローガンもある。自己責任や社会的義務のことである。要は「当たり前の生活ルール、社会的ルールを守りましょう」ということだ。が、そうそうこちらの思いどおりにはいかない。たとえば以下のようなことが起きる。

グループホーム近くの路上で立ち小便をしていたところをチンピラにからまれ、あげくに数千円をそのチンピラに盗られた彼は体調を崩し、その日のうちに自ら入院した。私たちが後日そのことを知った時は後の祭りだった。また、深夜、「死んでやる！」と外に飛び出して行った人もいた。

現場にいればわかることだが、「自由の制限の最小化」は決して容易なことではない。しかしできるだけそこに近づけたいと思うのは、それが当事者たちが世間の中で上手に生きてゆくことにつながるのではないかと考えているからだ。

そうは言っても、彼らにだけ自己責任や社会的義務を押しつけるのは道理に合わない。彼らが義務や責任を全うできる制度や仕組みなどの環境づくりも、私たちソーシャルワーカーに課せられている仕事だと思う。

グループホームにおける世話人や支援員の方々についても触れておきたい。この業界に限らないが、福祉に関する仕事について述べるとき、得てして専門職や資格職における仕事のあり方に焦点が集まることが多く、種々の研修に参加できるのもほとんどが専門職や資格職に限られている。世話人や支援員といった専門職・資格職以外のサポート人員のことは業界内でもあまり取り上げられない。

だが彼らこそ現場の最前線に立ち、利用者の信頼を得、また報酬の面でも施設に必置の存在になっているのである。その業務内容は食事作りや清掃、散歩や買い物への同行、個別の相談や世間話の相手、日々の暮らしぶりの把握など多岐にわたるが、一人勤務や交代勤務、夜勤など多様な勤務形態ゆえに個々人が孤立を深め、悩んでいる人が少なくない。

世間で言うところの「縁の下の力持ち」と誤解されている方も多いかもしれないが、利用者からの相談だけでなく危機対応や情報管理にも携わる彼らは、実は「縁の下の力持ち」どころか、主役級の支援者なのである。当事者たちとの距離が近い分、職場の「報・連・相」(報告・連絡・相談)を遵守しつつも「どこまで話せばいいのか」と逡巡する場面も多いと言う。

二〇二〇年一一月、サポネが世話人を担う「帯広障害者グループホーム連絡会」主催で、会発足以来初めての世話人・支援員の研修会を行った。遅きに失した感もあるが、実に多くの感想や意見が飛び交い、私たちワーカーも彼らの認識を新たにした。感想の一部を抜粋する。

●メモも取らずにみんなの意見に聞き入ってしまった。こんな機会がもっと欲しい。
●利用者同士の板挟みになり、疲れることもある。
●個人情報の扱いに神経を使うことも多い。原則的な情報管理の学習をしたい。
●一人で抱え込まないようにしている。〝報・連・相〟が大事だと思う。
●外から帰ってくる利用者さんから笑顔で「今晩のご飯は何?」と聞かれると、〝よし! 頑張っておいしいものを作ってあげよう〟と思う。
●自分は下働き的な役割と勝手に思っていたが、講義を聞く中ですごく誇らしい存在なのだと思えてきた。

業界の公的機関や指導組織も、もっと彼らの仕事をリスペクトしてほしいと私は思っている。

◆ケアマネ連携の不自由

相談支援事業所（ケアマネ事業所）が各所で活動を始めた二〇一〇年を過ぎた頃の話である。当事者支援のため、本来ならば現場のサービス提供事業所との協働パートナーとなるべきケアマネ事業所との関係は、残念ながら十分な連携がとれているとは言いがたかった。多くのケアマネ氏の言動がサービスを提供する側から見れば〝上から目線〟のように映ったのだ。その言動はまるで「私たちが仕切る。あなたがたはそれに沿って」と言わんばかりの印象を受けた。ケアマネ氏側から流れてくる情報はほとんどなく、他機関に伝えるという意識がないのかと思わせることが多かった。以下のような事例も実際に起こっている。

高齢にさしかかったタカハシさんが家族と相談のうえ介護認定を受けることになり、手続きが進み認定もされた。ある日突然、私たちのところに担当のケアマネ氏から電話が入り「タカハシさんのケアプランができたので郵送します。本人のサインと印鑑をいただいて当方に送り返してほしい」と言ってきた。タカハシさんに確認すると最初の手続き以来ケアマネ氏とは一度も会っていないと言う。

ケアマネ氏本人が足を運ぶことなく、グループホームに利用者の署名・捺印を依頼することなど私たちには思いもつかない。「当法人ではそのような代理業務は行っていない。自らタカハシさんに会ってほしい」旨を伝えたが、当のケアマネ氏は全く悪びれた様子はなかった。その要因は、国や自治体、さらにはケアマネの上部関連団体による「ケアマネジメント学」の伝え方が「サービス現場を指導する」というものだからではないかといぶかってしまう。当然だがグループホーム側は対等なパートナーというイメージが持てない。

結局私はスタッフには「そのようなケアマネ氏は相手にしなくていい。現場の考えでケアを行え」という危うい指示を出している。もっとも向こうでも「サポネは変。相手にしなくていい」と同じことを言っているかもしれない。後日このケアマネ氏はタカハシさんと会い、グループホームの担当者とも頻繁に顔を合わせるようになって良好な関係が築けたという。

多くのケアマネージャーたちの名誉のために言っておくと、二〇一八年に私たちからの呼びかけで「ケアマネ連携会議」を企画し、当法人全サービス利用者のうちケアマネ氏が対応している約一〇〇余名の利用者の情報交換を、総勢二五名のケアマネ氏と行ったところ、そのとき彼らは実に真摯に誠実に対応してくれた。この「ケアマネ連携会議」と同様の主旨で医療機関側との「医療連携会議」も定例化した。いずれもフットワークを駆使して顔を合わせるという古典的な〝営業〟が大事だと再認識できるいい機会になっている。

ケアマネージャーが作成する「個別支援計画」や「サービス等利用計画」などの「ケアプラン」は、本来、ケアを受ける当事者の自己決定の集積なのだが、本人がプラン全体をどう認識しているか、また、その支援者が本人の意志をどう受け止め、それをどう形にしていくかは、大きな課題だ。複数のサービス事業所を利用している利用者であれば、事業所ごとに「サービス利用計画書（自己決定書）」が存在するが、これを関係支援者が集まって互いに付け合わせようと言う声は聞こえてこない。もし中身が違えば、どれが本当の自己決定なのかわからないままだ。

ケアプランはまずケアマネージャーが「サービス等利用計画」を立て、それに沿って現場の「個別支援計画」を立てる建て前になっている。だが実際はケアマネ氏の立てた「サービス等利用計画」が開陳されることは稀である。現場の「個別支援計画」との整合性もとれていない。そのことが話題に上がることもない。業界全体で改善すべき問題であろう。

またケアプランには至るところに「協力」「連携」の文言が散らばってはいるが、二〇一八年三月三〇日に送られてきた厚労省からの通知でも「サービス提供事業所はケアマネ事業所に協力すべき」という主旨の一方的な条項はあるものの、「ケアマネ事業所はサービス提供事業所に協力すべき」という逆の主旨の条項はない。それでも私は工夫をすれば、当事者を含めた同じ席上で共通の「個別支援計画」の立案が可能だろうと思っている。

◆セルフプランはどうあるべきか

もう一つ、「セルフプラン」の問題にも触れたい。計画立案の主体が当事者であることが理想の姿であるならば、そこに支援者が積極的にコミットし、より質の高いものへとサポートするのが、「当事者主体」を謳うソーシャルワーカーやケアマネージャー、サービス管理責任者の務めだと思うのだが、あまりそのように考えている人はいない。我々はもっとセルフプランを重視すべきではないのか。私たちの気づかない当事者目線のニーズや視点が掘り出されるかもしれない。それによって本人たちが決める「生活満足度」が視覚化される期待も持てる。

役所は「サービス計画ばかりではなく、その後のいろいろなことを考えればやはりケアマネをつけることを勧めるのが妥当」と言う。しかし自らの生活を自身で組み立てた当事者が「その後のいろいろなこと」で困った時に足を運び、ともに難題を乗り越えていく知恵や技術を提供するのがソーシャルワークではないのか。

単にプランのためのプラン作りではなく、プラン作成の作業を通して自立の手立てを醸成してゆくのが本旨の一つと思う。国は「断らない相談事業」とともに「セルフプランの有効性」も謳《うた》っている。であれば、なおさらだ。「利益にならない」とか「時間ばかりかかる」という意見ももっともだが、そうであれば給付の対象になるように国なり自治体なりにはたらきかけるのが、「社会変革」や「社会的復権」の実践につながると思うのだが。

そしてもう一言つけ加えると、セルフプランは制度化されたサービスだけを当てはめるものではない。当事者自身の人生プランの中には既存のサービスの隙間に該当するような漠然とした夢や期待もあり、それらを察知することも私たちソーシャルワーカーの役割だと思う。その気づきがなければ結局のところ、「障害当事者は庇護されるべき存在」とか「受け手としての障害当事者」という役割を押し付けてしまうリスクをはらんでいることを忘れてはならない。

「自分のことは自分で決める」という当たり前のことが、無数の議論を惹起させているのが不思議である。対象が「障害者」と呼ばれている人たちだからか。さまざまな思惑に加えて法律なども入り交じり、一層複雑化するこの「自己決定論議」は、私の手には余る。迂闊《うかつ》にこの議論に巻き込まれないように気をつけている。

私にとっては「自立のためにとても必要なもの」「自分の存在や自分らしさを確認できるもの」といったシンプルな説明が一番しっくりくるのだが、識者からは「そんな軽々しいものではない！」と怒られるかもしれない。

むろん現場にいる者にとっては、確かにそう簡単な話ではない。当事者の希望と自分の意見のすり合わせに難渋《なんじゅう》することは、ほとんどの支援者が経験する。現実味のない当事者の自己決定であれば、ややもすれば静観するしかなく、時には「決めた」「やめた」「決めた」「やめた」の無限ループに振り回されることもある。「アンタに任せるよ」と言われるのも困る。それも自己決定と言えるだろうか？

だが原点に立ち戻ると、たとえ彼・彼女の決定に現実味がないとしても「彼・彼女が決めた」という事実を積極的に評価し、彼らの行為をサポートし、迷ったり挫折したときに自然に寄り添い、ともにリスタートに向かうのが、ソーシャルワーク本来の姿になるのではないか。ソーシャルワークが「プロセスとしての支援」と言われるゆえんもここにある（ゆえになおさらセルフプランが必要だ）。

もっとも最近は「プロセスより結果を」という声が高まっているのも事実だ。だが当事者の彼・彼女と支援者である私の距離感と信頼関係の濃淡の中で私の対応が決まってゆく、という考え方は少しも変わらない。「自己決定」も「当事者主体」も関係者や当事者たちの長い議論や実践を経て苦難を伴いながら勝ち取ってきたものだと学んだ。だからこれらの意味をリスペクトし、しっかりとその内実を自覚したい。

◆自己決定と当事者主体とリカバリー志向

今に語り継がれているこんな話もある。私がまだ入職する前の一九六七年、第三回の日本PSW協会全国大会の講演で、東京大学の臺《うてな》弘教授が「精神障害者に自己決定の能力は期待できない」ともとれる発言をした。その後その発言をめぐり、日本PSW協会と臺教授との間で激しい論争が起こったという。日本PSW協会は設立当初から柏木昭会長（現・日本PSW協会名誉会長）のもとで、「自己決定」は「関係性」の概念とともにソーシャルワーク実践の最大の支柱としてきた。

「自己決定」「当事者主体」の延長上に置かれる「リカバリー志向」は、援助者・被援助者の関係を乗り越えた〝ともに〟という関係性において重要な視点だと思っている。このリカバリー志向をベースに「〇〇プログラム」や「××モデル」の類が開発され、有効な手法として報告されていること自体は喜ばしい。しかし時に言葉が一人歩きしたまま、生活支援の衣を着て形を変えた新型医療モデルの再現かと思わされる事例も散見される。心したいものだ。

元来リカバリー志向は多岐にわたっており、我々福祉の世界では病気を治すとか障害を軽減することのみが目的ではないということで定着している概念である。「障害やハンディがあっても人生を諦めずに自分らしく充実した、生産的な人生を生きていくプロセス」という、普遍的で人それぞれの多様な価値観の上に成り立つものだ。だがこの概念を活用した対人支援の領域に入ってくると、いつの間にか支配的な援助者・被援助者の関係に戻ってしまうのだ。私自身も現場にいると、いつの間にか指示口調になっているのに気づき、思わずハッとする。

「自己決定」も「当事者主体」も第三者が言葉として表現すればするほど「あなたは障害者」という新たなスティグマや「障害者役割」「新手の囲い込み」を強化させかねないと自戒する。それはリカバリー志向の本意ではないはずだ。「自己決定」「当事者主体」を正当に使えるのは、当事者自身しかいない。「彼・彼女が自分で決めたことだから」とか「あなたが決めることなのよ」と支援者が自らの言い訳やお題目のために使うのは考えものだ。

最近は「当事者ファースト」などと時代におもねるような表記もある。何のことやらだ。

普段明るいヨコヤマ君がその日は珍しく湿っぽかった。「どうした?」と聞くと「うーん」と歯切れが悪い。この何年かはきちんと通院し、週三日ほどデイケアと就労にも通っている。デイケアは同世代が多く、SST(ソーシャルスキルズトレーニング=社会生活技能訓練)やリカバリーの学習なども楽しみながらやっている。その仲間たちと、今までの暮らしぶりが話題になったらしい。それで、「俺の人生は何だかなぁ」と気落ちしていたのだ。

「何度も入退院を繰り返して、みんなに迷惑かけて、まともな仕事もできないでこんなんだもなぁ……」

彼はもともと仕事に就いていたが、二〇代後半に発病して以来、職に就くこともなくそのときに至っている。発病初期の頃は服薬もせずに周囲を手こずらせ、再入院を繰り返していたらしい。誰だって途中で人生設計が狂ったら辛い。ヨコヤマ君の心情は理解できた。私はもう少し聞いてみようと、「振り返ってみてみんなはどうだったの?」と聞いてみた。

「他のメンバーもみんな似たような感じなんだけど、それが意外に明るいんだよね。あっさりしてると言うか。だから自分のことを話したら〝上手くいってる方だ〟って言われた」

「上手くいってる?」

「そう。〝おまえ、何回も入退院してるけど、一回目、二回目のときの入院は大騒ぎでも、それから自分で通院するようになって、だんだん入院期間が短くなってるし、入院しない期間も伸びている。ときどき実家のお母さんの様子も見に行ってるし、俺たちみたいな仲間もできて、少しだけど仕事もしている。順調に進化してるってことじゃないのか。アハハ~〟だって。そんなもんかなぁ」

当人は半信半疑の様子だったが、やはり同じ辛さを味わっている仲間との会話は一味違う。当人たちは意識的にそう言ってヨコヤマ君を励ましたわけでもないだろう。それでもそんなふうに自然な形で前向きな自己の物語、オルタナティブストーリーに仲間を導いていくものなのだなあと感心した。

◆ソーシャルワークの踏み絵——情報管理

私たちの仕事は、当事者や周辺の人々、あるいは第三者からもたらされる有形無形の情報から始まる。情報がもたらされてはじめて私たちは動き始める。その情報は事実ばかりではなく、提供者の思いも重なっているものだ。それらをひっくるめて私たちは情報として預かり、関わる。なので情報の守秘や厳密な管理はこの仕事の鉄則である。

今の時代、個人情報保護法下の〝何でもかんでも秘密主義〟には辟易もするが、少なくとも常識的な運用を考えれば、多問題の項目で紹介した親子の事例や次のエピソードなどは起きていないだろう。

二〇一八年秋、帯広市長名でグループホームや就労事業所などの市内の全サービス提供事業所に次のような文書が届いた。

今後はサービス提供事業者とケアマネ間の利用者情報シェアは、(国の通知に則り)先ずケアマネからサービス事業者に電話で利用者の情報提供を依頼しファクスを送付、それを受けてサービス提供事業者は紙(ファクス・実績報告書)による回答をすべし。(中略)これは今後定期的に慣行化することが望ましい。

著者の精神障害関連の新聞記事の切り抜きから

「依頼」という名の目を疑うような市長名の通知だった。この「依頼」は、春先に行われた基幹相談センター主催の研修会で、とあるケアマネ事業所から「サービス利用者情報の取得方法を考えてほしい」という相談を受けた市が、国（厚労省）の通知に則った回答をケアマネ事業所グループに示したという構図になる。表面上は「依頼」になっているが、国の指示であればサービス提供事業所はそれを行わなければならず、こちらの意志はおかまいなしだ。実際、春以降、複数のケアマネ事業所から私たちのもとにファクスで利用者の実名が入った「情報提供依頼」が届いていた。

市を擁護するわけではないが、この市通知が、二〇一八年四月の報酬改定時に厚生労働省社会・援護局から都道府県・指定都市・中核市に通知された国文書の指示に沿ったものであることは理解していた。国の通知には「サービス提供事業所がサービス利用状況を相談支援専門員に定期的に報告する仕組みを構築することが望ましい。（中略）どの程度の頻度で報告を行なうかも予め決定しておくことが望ましい」（二〇一八年三月三〇日）とある。このどこまでも一方的な通知が、全国の自治体に送られていたのである。

この件で二、三のサービス事業所に話を振ってみたが、ほとんど反応はなかった。だが我々サポネとしては手をこまねいてはいられない。法人として市へ八項目の疑義照会を申し出て、市担当部局にこう強く問い質した。

「この件で市と基幹相談センターを中心とする相談支援事業グループとの間では合意があっ

たのだろうが、我々サービス提供事業者には事前に一切の相談も打診もない一方的なもの。その事実だけでも協力・連携は上辺だけのものと誤解される。利用者の情報シェアはプライバシー保持に抵触するリスクが極めて大きく、ソーシャルワークの本質に関わる。事業者間の対等性への疑念を惹起させ、かつ利用者・事業者間の信頼性を大きく損なう危険性があり、加うるに紙媒体での情報提供をすすめる等は論外。再考の余地がある」

ところが市側は「そこまで考えていなかった。相談支援事業者グループも了解していたし、あまり難しく考えないで従来通りそれぞれのやり方でいいのではないか」「各サービス提供事業者もケアマネ事業者間も対等という認識に変わりはない」という拍子抜けするような回答を寄越してきて、それでやり取りは終わってしまった。

障害当事者やその周辺の方々からの情報は、あくまでもその人たちからの「預かりもの」である。「預かりもの」であれば情報提供者に配慮しながら、丁寧に扱うのがルールであり、最低限の礼儀というものだろう。自分のことが自分以外の人たちの間で「紙」でやりとりされている風景を想像してみるといい。電話一本、ファクス一枚のやりとりでことを済まそうなどと考えるのは愚《ぐ》の極みである。この情報管理という問題は、その認識の深浅において対人援助専門職者の踏み絵となる問題である。

それにしても危うい国の通知である。（なお、二〇二一年四月の厚労省の報酬改正文書では、この時のような指示はなく修正されている。）

◆精神障害に関わる新聞報道について

私の手元には一九九一年から一五年間の新聞五紙（全国紙三紙・地方紙・地元紙）に掲載された精神障害関連の新聞記事のコピーが五〇〇〇枚あまりある。帯広で読める新聞という限界があるが、メディアの精神障害に対する取り扱いを検証してみたいと考えたのが、記事収集のきっかけだった。

一五年間で五〇〇〇枚だから、精神障害に関する記事がどこかの新聞に毎日のように載っていたことになる。精神障害者がメディアの関心の一端を担ってきたことがよくわかる。記事の内容は全てがネガティブなものばかりではないが、世間の耳目を集めるのは常に精神障害者（あるいはその疑いのある人たち）が引き起こした事件や犯罪の類である。

私たちＰＳＷの中に「メディアは障害者に冷たいもの」「差別や偏見を助長する装置」という考えが根深く横たわっているのも、こうした長年の新聞報道があるからである。

しかし障害者を対象とした各種の福祉法や支援法が整備されて以降、そうした記事はとんと見かけなくなった。毎年発表される犯罪白書の統計を見ても精神障害者が関わる犯罪率に変化はない。なぜだろう。メディアが宗旨替えをしたのだろうか。あるいは病気と健康の境目が判然としなくなっているせいなのか。もちろん精神障害者に関するネガティブなニュースはごめんだが、近年の記事の減少には私自身、幾分の薄気味悪さを感じている。

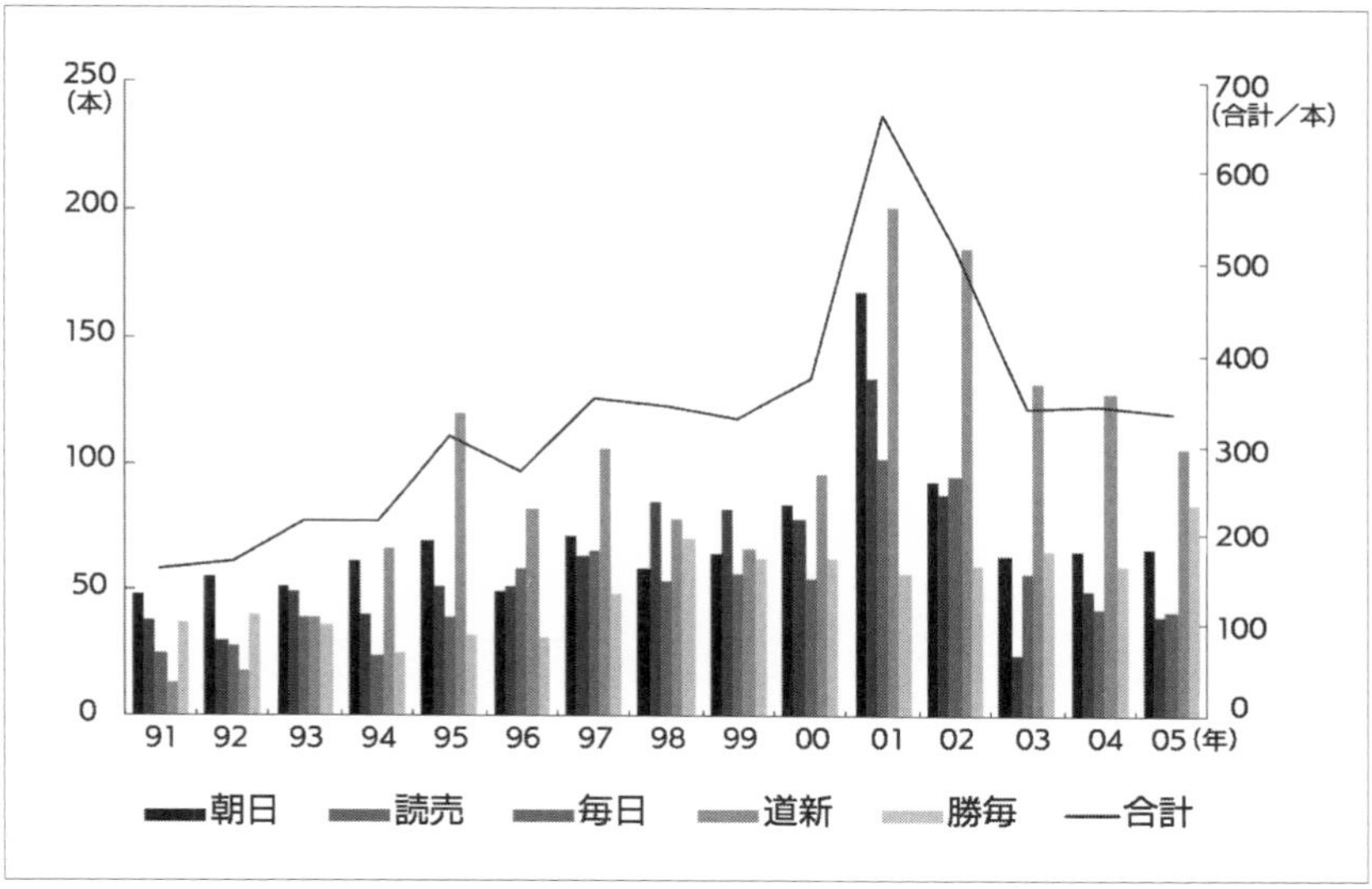

新聞における精神障害関連記事の推移

年	朝日	読売	毎日	道新	勝毎	五紙の合計（本）
1991年	48	38	25	13	37	161
1992年	55	30	28	18	40	171
1993年	51	49	39	39	36	214
1994年	61	40	24	66	25	216
1995年	69	51	39	120	32	311
1996年	49	51	58	82	31	271
1997年	71	63	65	106	48	353
1998年	58	85	53	78	70	344
1999年	64	82	56	66	62	330
2000年	84	78	54	96	62	374
2001年	168	134	102	201	56	661
2002年	93	88	95	185	59	520
2003年	63	24	56	132	65	340
2004年	65	49	42	128	59	343
2005年	66	39	41	106	84	336
新聞ごとの合計（本）	1,065	901	777	1,436	765	4,935

新聞における精神障害関連記事の数

そんな私に、いや日本中に冷水を浴びせたのが、二〇一六年の夏、四五人の施設入所者が殺傷された「津久井やまゆり園事件」だった。この事件は、決して少なくはない数の国民の本音をあぶり出した。ネット上には、事件の加害者に共感するおそろしいほどの数の書き込みが飛び交った。日本国民の中に〝優生思想〟が根強く生き続けていたことを改めて思い知らされた。

その後も各種の福祉施設の入所者に対する虐待のニュースが続いた。ネットでのマイノリティー批判やヘイトスピーチは日常的になり、政治家は人間の〝生産性〟を言い始めている。今もって続く被差別部落問題や優生思想に基づく不同意不妊手術の問題もある。新型コロナ禍の今もさまざまな差別があらわになっている。差別や憎悪を生み出す多様性を認めない社会――。その根っこは深い。

せっかくなので収集した新聞記事についても触れておきたい。一九九一年から二〇〇五年の全国紙（朝日新聞、読売新聞、毎日新聞）、地方紙（北海道新聞＝道新）、地元紙（十勝毎日新聞＝勝毎）における精神障害者に関わる、あるいは見出しなどで精神障害をひきあいに出して表現している記事から当時の精神障害者と呼ばれた人たちのありようを見てみよう。

●表現

「精神病者が社会に出て人を殺すのと同じ行為」

「公園に放された毒蛇」

「精神病離婚」
「子が親を殴るとすぐ精神分裂病と言われる」
「精神病院を脱走し……」
「精神病院は牧畜業者」
「免責になって精神病院に送り込まれ…」
「その団体の中身はバラバラで、精神分裂症と言ってもいい」
「ＳＭクラブは一種の精神病院」
「介助を必要とする人を精神障害者と呼ぼう」
「ある精神病院では動き回るお年寄りを縛る実習をさせ……」
「狂人のレッテルを貼られ精神病院に送り込まれ……」（他、多数）

●写真

調査初期の頃の事件記事では、事件が起きた現場写真とともに犯人と目される人物の顔写真と実名の掲載も散見された。病院内で起きた殺傷事件になると、院内の事件現場を職員が指で指し示している写真もあり、今考えると驚愕である。その後各社に倫理規定が定められる時代に入り、日本学術会議も二〇〇五年に事件報道とプライバシー報道に提言を行っている。

●記事の数・位置

一九九四年に東京・品川区で起きた「青物横丁医師射殺事件」や一九九七年に神戸で起きた「酒鬼薔薇事件」、二〇〇一年の大阪「附属池田小事件」（当初犯人は精神疾患と流布されたが、のちに精神疾患を装っていたと判明）といった大事件の後しばらくは、私が調べた五紙全てで精神障害の関連記事が溢れかえった。

一五年間を俯瞰して気づいたことは以下のようなことだ。ネガティブニュースの約四割が社会面下段の一段記事に書かれていた。社会面であれば日々数えきれないほどのネタが飛び交っているにも関わらず、たとえ数行であっても精神障害者のネガティブニュースを掲載しているところに「障害者事件は商品価値がある」とする編集側の予断と悪意を読み取ることができる。他方、ポジティブニュースは三割程度である。ただ、地元紙「勝毎」は私たちが積極的に活動の情報を伝え続けてきたこともあり、その大部分はポジティブニュースであった。

こうして五〇〇〇枚近くの新聞記事を分析してみると、当時の〝公器〟である新聞の精神障害に対する偏見がよくわかる。改めてメディアリテラシーの重要性を考えさせられた。

では今はどうか。新聞というメディアの力が衰え、今や誰もが情報を発信できるＳＮＳの時代、ネットニュースの時代となった。そこではフェイクニュースが入り乱れ、事の本質が見えにくくなり、偏見や悪意あるニュースであってもわかりやすいものが瞬く間に広がっていく時代になってしまった。

◆再びの「札幌宣言」——谷中輝雄さんの言葉

二〇二〇年三月、神戸の精神病院で看護師らによる集団暴行事件が起きた。一体なぜ、こうしたことが起きてしまうのだろうか。

「Y問題」から「札幌宣言」までのくだりは第二章で既述したが、ここであらためて私の「札幌宣言—社会的復権論」について述べておきたい。Y問題の混乱期に日本PSW協会（現・日本精神保健福祉士協会）の中心メンバーであった谷中輝雄さんから後年、この件について直接お話をうかがったことがある。谷中さんはこう言った。

「この社会変革や社会的復権というテーゼを実践しようとするPSWは、自らの職場組織や地域との相克の中で、それに抗い社会正義の為に身を挺《てい》した時、多くの人は燃え尽きるのではないか。その時日本PSW協会という組織は彼らを守る術を持っているのかという不安が、胸中幾度も去来した」

その言葉を聞いて私は、あの谷中さんがここまで心情を吐露《とろ》されるとは、それほどのことなのだとからだが震えた。

谷中さんの言葉は、不当で不条理な人権侵害を犯した一部の悪しき精神医療と、それを是とする行政や黙認する地域社会への対立軸としてPSW協会が導きだした「札幌宣言」は、その大義を実践する立場にいるPSWたちに重たい職業使命と滅私的な生き方を求めてしまったということを物語っている。精神医療と精神障害者に対する「社会変革―社会的復権」という大義を実践しようとすれば、そこにはPSWの身を削がれるような実践と厳しい「個としての覚悟」が求められることを、谷中さんは看破していたのだと思う。これが私にとっての「札幌宣言」理解の原点となっている。

それから約四〇年。「Y問題」および「札幌宣言」から導かれたPSWの理想像に「社会変革を目指し（中略）社会的復権を成す」なるものが連綿とあり、それを己の支柱として守り実践してきたPSWにとっては、実に苦難の多い年月だったろうと思う。

当時二〇代後半の血気盛んな時期であった私にとっても、一九八二年に札幌開催の全国大会で採択された「札幌宣言」はいまだ記憶に新しく、新生日本PSW協会の門出を誇らしく感じる気持ちがあった。「札幌宣言」は誇らしく、正しい。だが詩人吉野弘は言った。「正しいことを言うときは／相手を傷つけやすいものだと／気付いているほうがいい」（「祝婚歌」）と。

PSWの発展のために心血を注ぎ、多くの修羅場をくぐり抜け、恥じない実績を残されてきた先輩方から見ると、現状はこころもとなく映っているのだろう。折りに触れ「社会変革に目を向けないPSWは専門職とは言いがたい」とか「福祉労働者としての二重拘束性を自覚できない者をPSWと言うのははなはだ疑問」といった類の意見やレポートを見聞きしたという話を聞くと、本当に心が痛む。私もずっと以前だが「（PSWは）牧畜業者たる精神科病院の経営者にやとわれた牧羊犬になり下がらないように、自らのアイデンティティを律する必要性がある」という刺激的な意見を読んだことがある。

また、障害当事者の利害をめぐり、職場組織や公的機関と齟齬や対立が生じる事態はこの仕事をしている以上、ままあることだが、そんな時にも「職場や機関の方針を差し置いてでも、PSWの理念や職業倫理に沿うのが当然である」と堂々と言われてしまうと、重い鎖につながれたごとく全身が固まってしまう。あげく、その職業倫理に殉じるがゆえにPSWひとりが周囲から孤立し、果ては「当職場と考えが違うのであれば在職は不要」等の宣告を受ける事態を想像すると、この私ですら身が縮んでしまう。

こうしたPSWへの警鐘はどれも間違いではないのだろうが、詩人吉野弘が言うように、〝正論〟は時に人を傷つけ、気持ちをくじく。「札幌宣言」を踏み絵代わりにして、本来であれば肩を叩き合って励まし合う仲間を、互いに見張り合うような時代は続いてほしくない。やるべきことは、現場のPSWの声を聞き、仲間として地道に信頼を築き合うということしかないし、日本PSW協会が成熟に向かって発酵中なのだと私たちPSW協会会員も信じてついていくしかないのではないか。急がば回れ、だ。

では、お前の守るべき最後の砦は何だ——と問われれば、多くの人がそうであるように私も、結局のところ「俺の砦は俺自身のソーシャルワークだ」と言うしかない。異端に走らず、陥穽を避け、自身のいたらなさに頭を抱え、時には開き直り、諦め、学習し、再び当たり前にたどり着き、謙虚に関わることを繰り返す「普通のソーシャルワークをやる」しかない。

そのためには現場で常に「覚悟」を求められるし、それが嫌で逃げ隠れをすることもある。いつでも自問自答を繰り返している——というのが正直なところだ。だが、そんな私の仕事の評価を他者からは言われたくないし、言わせない。なぜなら私の仕事の評価ができるのは当事者しかいないのだから。それは当事者たちが下すものだろうから。

◆インフォームド・コンセントとは何か――ＣＯＭＬから学ぶ

日本では一九九〇年代以降、徐々にインフォームド・コンセント（informed consent、以下ＩＣ）という言葉とその概念が知られるようになってきたと記憶している。従来の「お任せの医療」から患者の自己決定権を尊重する医療へと選択肢が広がり、国民の健康志向と権利としての医療という意識の高まりもあいまって、一九九〇年には日本医師会からも「説明と同意」という訳語によって報告書が出されている。

当時、精神医療の分野ではＩＣに関心を持つ方々もいるにはいたが、全体から見ればごく一握りの少数派。業界全体で患者の自己決定権を議論するにはほど遠い状況だった。法の整備もなく、患者はつねに保護される存在として暮らしていた。精神障害者の人生のすべてが医療福祉を提供する側に委ねられる時代が続いていたといえるだろう。

そうした日本のＩＣ黎明期に、「自分が医療の主人公」「賢い患者になりましょう」をスローガンにＮＰＯを立ち上げた辻本好子氏と「認定ＮＰＯ法人 ささえあい医療人権センターＣＯＭＬ（コムル）」の存在を知ったのは、ＣＯＭＬ設立翌年の一九九一年頃であったと思う。私はその理念にいたく共鳴し、感動したのを覚えている。

以下は一九九二年秋に辻本氏を札幌と帯広に招き、講演会を聞いたときの私の感想文である。講演内容はここから感じ取ってもらうしかないが、氏は「変わらぬもの」は人の尊厳を守る権利としての医療であり、「変わりつつあるもの」はこれからの医療福祉を担う者たちの意識である、という力強いメッセージを残してくれた。

あれから二〇年近くの歳月が流れ、私たちの中で「変わったもの」「変わらぬもの」は何だろう。なお辻本氏は二〇一一年六月、享年六二歳という若さで早逝した。誠に無念であった。拙文ではあるが氏への哀悼の意味をこめて、当時の感想文を掲載したい。

日本でI・Cという言葉が一般的に知られるようになったのは、まだここ数年のことである。にもかかわらずさしたる年月を要さないで市民権を得ようとしている背景には、国民からの抜き難い医療不信が今もって続いている故だろう。さらに高度医療やターミナルケア、延命治療への賛否などという時代の流れや、情報化社会などの環境要因が重なる。(中略)しかし考えてみると医療への不信感や切実なニーズを背景とした患者、家族のアクションは医療過誤による裁判闘争や支援活動、古くから続く患者団体による当事者運動の歴史もある。(中略)にもかかわらず今どうしてI・C、自己決定なのか。一種ブームのような状況を作りあげているエネルギーは何なのか、その現場はどうなっているのか等々に触れてみたく、辻本講演に足を運んだ。

少しCOMLについて説明しよう。辻本氏は自ら立ち上げたNPO「医療人権センターCOML（コムル＝医療と法の消費者組織の英語略の頭文字である）の理事長である。COMLは大阪、名古屋、東京、札幌などに活動拠点を持ち、「医療の主人公は患者です」を目指し、生活の中で高めている消費者としての視点を医療にも向け、市民が抱いている医療への不信や不満、さらに医療者側の言い分をも出し合い、自分の責任で納得できる医療への参加を呼び掛けている市民の手によるボランティアグループである。

その活動は、機関誌（月刊）の発行、電話相談、医療被害者救済のコーディネート、（病院が了解したうえでの）病院探検隊、患者塾（スタッフが模擬患者となって研修医師やナースとのやり取りを再現させる）、セミナー、フォーラムなど多彩である。二〇〇三年には辻本氏本人が「べてるの家」（浦河町）に足を運び、機関誌「COML」で全国発信し、精神保健福祉分野にも大きな関心を寄せていたことをうかがわせる。

COMLでは「賢い患者になりましょう」と呼びかけ、年千数百件の電話相談や前述の「患者塾」等の活動の中から、患者さんやご家族の様々な「つぶやき」を拾う。その「つぶやき」にはおそらく私たち医療専門職者側の耳には届かない、あるいは見過ごされてきたやるせなさや怨嗟《えんさ》の声がたくさん詰まっているのだろう。しかしCOMLはこの「つぶやき」を拾い、それに共感しつつも、同情や医療への怒りだけで括るのは危険だという。

辻本氏は「そうした相談の内容を聴くにつけ医療に対する不平、不満に至る中で、果たして患者さんやご家族、あるいはその援助者側がどのような努力をしてきたのか、という提起を率直に示します。I・Cや自己決定が叫ばれている今こそ〝お任せの医療〟ではなく、自分自身の問題として医療参加する姿勢を見つめ直すべきではないか。COMLが提唱する〝医療に対する消費者感覚〟とは、そうした患者側の在り方や姿勢を呼び醒ますものでもあります」と述べている。

一方、医療者に対しての注文ももちろんある。とある病院の高齢者の入浴介助の現場を見学する機会を得て、そこで体験したことを次のように話されていた。

「患者の入浴介助を目の当たりにし、汗まみれになりながらも甲斐《かい》ぐ《がい》しく、懸命に奮闘しているスタッフの姿は美しくも、感動的でありました。ですが浴室を出た次の瞬間に目に飛び込んできたものは、浴室入口の廊下で寒さに打ち震えながら、車椅子で順番を待っているお年寄りの姿だったのです」。辻本氏はこの二つの光景の乖離は、まさしく医療の持つ〝光と影〟ではなかったかと述べ、その影の部分、即ち医療現場の厳しく過酷な環境は理解しつつも、しかし問題の全てを〝大変さや多忙さ〟〝制度や専門性〟、もっと言うと〝資格や役割機能の限界〟、伝統的〝パターナリズム〟だけに押し込んでしまっていいものなのかと指摘している。

辻本氏は「個の確立」「個の自立」を再三述べられている。患者さんや家族が自己決定や医療者との対等な人間関係の構築、わかりやすい言葉での説明、複数の選択肢の提示などを求めるにしても、自身が己の体の責任者として腹をくくらないことにはI・Cの確立は望めないということになるのだろう。しかしそれはそのまま、私たち医療専門職者にも求められていることは言うまでもない。

私たちソーシャルワーカー、なかんずく日本PSW協会は対象者の自己決定原則を、職業アイデンティティとして堅持するための努力を長年目指してきたし、その過程の中では組織的に大きな犠牲を払った時代もあった。その轍《てつ》を踏むまいと念じながら日常実践を続けているが、その内実をふり返った時にはいつも、患者さんにとってこれで良かったのだろうかという思いが先にたってしまう。(中略)

本講演を聴きながら、市民の手による医療への参加が現実のものとして拡がってきているのを実感した。私たちが〝プライバシーの壁〟とか〝多忙〟とか〝心掛け〟とか〝現場のことを知らない人が言っていること〟などと逃げ腰になっている間に、「良い医療に出会いたい」と望む市民の側は今、消費に値する医療を吟味し、選択し、私たちにどうするのかを突き付けてきているような気がする。

辻本氏は〝市民と医療の対話〟や〝気づき合い〟、そして〝歩み寄り〟〝水平関係〟と言った平易な言葉で講演を結んだが、治療をめぐる新しい関係性は、結局そうした基本的なところからしか始まらないということを強く再認識する機会であった。

以上が約三〇年前の感想文である。ＣＯＭＬの活動の対象は主に一般医療における患者と医療者であったが、設立当初はやはり医療側の反発が大きかったと聞いている。だがＣＯＭＬの特徴は医療者のみを悪者にするのではなく、患者・家族側にも自身の医療に対する向き合い方への転換を求めているところだろう。当時にすると大胆な発想だが、己が信じるところを真摯な姿勢で語り続けた辻本氏が後に政府の審議委員などの要職を担ったのは、氏の主張が国民のためになったという証しなのだと思う。

辻本氏亡きあとのＣＯＭＬは、活動初期からの同志であり初代事務局長であった山口育子氏が理事長職を継承し、今も勢力的な活動が続いている。

◆「SUNプロネット」の立ち上げ

二〇二〇年九月、数名の仕事仲間で「ＳＵＮプロネット」なるものを立ち上げた。世話人代表は地域のリーダーを担っている帯広生活支援センター所長の三上雅丈氏である。元の名称は「三面プロジェクト」と言い、三角錐になぞらえて「当事者活動との関わりと支え」「市民こころのボランティア講座の開講」「地域スーパーバイズ体制の整備」の三つを活動目標にスタートした。

私は一九八〇年代から「精神保健福祉はまちづくり」と言い続け、「たとえ社会的なハンディを負っていてもこのまちに住んでいれば誇りを持って暮らしていける。帯広をそういうまちにしたい」という思いを抱いてきた。障害当事者と市民がつながり、日常的な交流が活発に行われているまちのイメージである。

ここで当事者は「市民」でないのかというご指摘もあるだろうが、現実として福祉サービスを享受する当事者の一定数の方たちは、世間の中で隠れるように生活しているのは周知の事実である。だからこそ障害当事者と市民が出会うきっかけを作りたい。その主旨に賛同してくれたのが三上氏をはじめとする「SUNプロネット」の仲間たちだ。

とはいえ、「SUNプロネット」は私たち実行委員会が先導するのではなく、集まりの中から自発的な行動や活動が生まれてほしい。先の三つの目標を提示してはいるが、目標クリアを最優先とするごり押しの運営は考えていない。まずは参加者同士のつながりを大切にし、そのつながりの塊りをまちづくりに結びつけていく——という息の長い構えでのぞんでいる。

というのも、「SUNプロネット」設立に至ったもうひとつの理由に、年々薄れていくように見える福祉サービス事業者間のつながりに一石を投じたいという狙いもあるからだ。近年は国から矢継ぎ早に新事業の提起が続き、福祉事業が年々ビジネスモデル化するにつけ、現場は激務となり、事業者間のつながりが一層希薄になっているのである。

現場には話し合いたいことが山ほどあるのだ。実際、「SUNプロネット」初回の集まりには、三十余名の専門職や飛び入りの当事者さん、ご家族たちが参加してくれた。毎回四グループに分かれるフリートークは、いつも時間が足りないくらいに盛り上がり、皆、「語り合い」と「つながり」を求めていることが切実に伝わってくる。

ここで参加者の声を一部抜粋する。

●「まちづくり」という言葉に惹かれた。次世代、自分の子供たちの世代のために何ができるのか。

●一人の利用者(障害当事者)にいろいろな立場の人がつながっているということが大切。自分のこれからのためにも。

●利用者さんの居場所作りも大切だが、支援者の居場所も必要。悩みを共有できる場、先輩たちから失敗談や経験談を聞ける場が欲しい。

●福祉の一体感のようなものが欠けていると思う。

●福祉サービス事業所のやりたいことが制度の壁でなかなかできない。やれば不利益になる現実がある。

●他者の話を聞いているだけでも、同調や感動があり「話が染み入る」感がある。

立場は違っても各自が日常の中でいかに孤独や閉塞感を感じているかがよくわかり、「SUNプロネット」に希望を見出そうとする姿が胸を打つ。

なかでも現場で奮闘する職員には支援スキルの向上や課題解決対策などのサポート体制が用意されていなければ、最悪、離職という人材損失にもつながりかねない。この問題は全国どの地域でも共通の課題であり、集団研修と並行してきめ細やかに個別指導する客観的かつ論理的な支援スキルが必須だと思う。

「ＳＵＮプロネット」では目標の一つに「地域スーパーバイズ体制の構築」を掲げてはいるが、現実に地方都市で本格的なスーパーバイズ体制を作るにはさまざまな条件をクリアしなければならず、当面は他の職種や現場の方々との共通課題の共有に焦点を当て、グループ学習会のような形から始められたら、と考えている。ゆくゆくは十勝管内あるいは道内の習熟したスーパーバイザーや大学と連携協定を結び、「地域スーパーバイズ研修センター」のようなものができれば申し分ないが。

支援者を支援する仕組みは、当事者サポートに直結する喫緊の課題と言える。どこのまちの商工業者でも異業種交流が盛んなところほど、まちが元気だと聞く。とかく内向きになりがちな我々福祉サービス事業者も、学ぶべきことが多いのではないか。「ＳＵＮプロネット」で交わし合う悩みや励まし、愚痴や落胆のすべてが、未来への貴重な投資になればと願う。

この拙書を目にしていただく頃にはもう一つ、私たちの居場所ができているかもしれない。今は仮に「おとな食堂　ＳＵＮプロＣａｆｅ」と呼んでいる。Ｃａｆｅは個別のたまり場、居場所として小人数で四方山話に花を咲かせてもらい、心を許し合えるスペースにしたい。月例会という集団の場とＣａｆｅという個のスペース双方から、まちづくりの始まりとなる化学反応が起きてくれたら、と期待している。

◆地域精神保健福祉特区構想

話は前後するが、二〇〇四年頃のことなので、まだ支援費制度の時代だったと思う。個人的に温めていた「地域精神保健福祉特区構想案」を厚生労働省に提案したことがある。厚労省から数人の職員が帯広視察に来たときに手渡し、検討をお願いした。「地域精神保健福祉特区」を実現すべく、次の条件を満たすことと書き連ねた。

●一定の行政圏域内（振興局圏や市・町・村）の精神医療機関・福祉事業所・保健機関、自治体の個別の事業所が、人員・設備・サービス内容などで先進的な機能を持っていること。
●圏域全体が個別の事業所の権益を超え相互に連携する一体的な機能を持っている地域であること。
●この条件を満たす事業所には、現行の福祉や介護、医療部分に旧来の診療報酬や支援費報酬（当時）を上回る新報酬体系を構築する（補助金を含む）。

端的に言うと、「先進的な機能を持っている」事業所が集まり、かつ「相互に連携する一体的な機能を持っている」地域でなければ、地域報酬プラス「新報酬」が担保されず、皆が一体になって取り組まなければ「特区」の恩恵には預かれない、といった内容である。

これがもし実現すれば病床は減り、在院期間も短縮され、居場所が増え、当事者と市民の交流が普通になる。「SUNプロネット」の項でも触れた「精神保健はまちづくり」の手弁当的な活動を、公的な仕組みに置き換えたのである。

この一大プロジェクトを呼び水にして、道都札幌にある道立精神保健福祉センターの機能の一部を帯広に呼ぶブランチ化や、音更町《おとふけ》にあった音更リハビリテーションセンターの帯広市内への移転と多機能化という期待もあった。一つが上手くゆけば次々に手をあげるところが増え、やがて〝心のまちづくり〟でつながるという大きな展望も見えてくる。それに何と言っても「新報酬」という美味しい果実が目の前にぶら下がっているのだ。乗らない手はないだろう、どうだ……！　そんな算段を描いていた。

だが一歩離れて冷静に考えてみると、この「特区構想」は業界団体の利害得失が絡み、地方自治体の負担も大きい。内容も行政が組み立てるプランの緻密さには到底及ばない。時代は介護保険がスタートした直後の混乱期で、障害サービスの支援費制度の脆弱《ぜいじゃく》性も指摘され、老障一元化論議が高まっていた。

こうした混乱期に田舎のド素人案が国レベルで議論されるなどということは、実は全く考えてはいなかった。でも、出してみた。私なりのパフォーマンスであり、営業のようなものであった。後日厚労省から電話がきた。「貴重なご意見ありがとうございます」。ハイ、ソウデスカ。今でも通用すると思っているのだがなぁと、若干の未練はある。

第四章 ソーシャルワークは終わらない

◆新聞配達員の涙

彼は軽度の知的障害がある五〇代。幼少期に両親を亡くし施設で暮らしたが、退所後は叔父さんに育てられた。叔父さんが亡くなってからは民生委員を介してグループホームに入居して一二年が経つ。施設を出てから今日まで朝・夕の新聞配達と、コミュニティ雑誌やチラシのポスティングをするために週二、三日、就労事業所に通い、経済的には自立している。

人のよさや少々の理解力不足のため、グループホーム入居前は何度か騙《だま》されて借金を重ねたりもした。人の意見に流されやすく、周りからうまく使われることもあるが、素直な優しい性格で好かれている。一九歳の頃から続けている新聞配達の勤続表彰を受け、これが彼の自慢であった。

だが入居して二、三年後、ポスティングを二、三日サボったことが住民の苦情で発覚した。このときは私が一緒に配達店に行き、三拝九拝《さんぱいきゅうはい》の末なんとかクビがつながった。本人曰く「しんどくなった」らしい。「バカタレが！」と叱責した。


それから五、六年が経ち、あるとき彼の口から「またサボってしまい、処理に困っている」と伝えられた。部屋に行くと、前回同様に大量のチラシや雑誌がうず高く積まれている。「店にはまだ知られていないと思う」と言う。

「どうしたんだ！」

私の語気も荒くなる。彼は顔をゆがめ、

「疲れてしまって……」

大粒の涙を流している。

このとき、私の頭の中はフル回転だった。二人でまた謝りに行くか？　いや、二度目はないかもしれないぞ。それとも彼一人に告白させて社会人としての真っ当な身の振り方とやらを覚えてもらうか。待てよ、店側がまだ事実を掴んでいないのなら、明日からとぼけて配達をすればいいではないか。いや、そんなことをしてしまったら、このあとの彼の人生はどうなる！

いろいろな考えが頭をめぐったが、それにしても今回、自分から言ってきたのはどういうわけだろう。さすがに二度目はマズいと気づいて先手を打ってきたのか……。

た。

「どうしたらいいですか」

オロオロしながら聞いてくる彼の声を聞きながら、私の脳裏にある思い出がよみがえってきた。

私は小学校の高学年から毎朝ヤクルト配達のアルバイトをしていたが、中学に入ってまもなく「疲れた」という、まさに彼と同じ理由で配達をサボったことがある。早朝の配達は一〇〇本近くのヤクルトの瓶を自転車に積みこむところから始まり、一・五キロメートル四方の七〇軒ほどに宅配し、月末には集金もする。年に何回かは転んで何本かの瓶を破損し、その都度店長に謝りバイト料も減らされた。冬はさらに最悪で、寒いうえに転ぶと全部の瓶が四散し、雪の中をまさぐり探さなければならない。「大変だねぇ」という声と歩行者の長靴が通り過ぎていく。しんどかった。

そして夏のある日、とうとうサボりたい衝動に駆られた中学生の私は、早朝いつものように受けとったブツを物置に隠し、登校した。放課後友人たちを誘って河原でヤクルトを飲みまわしし、余ったものは石つぶてで割って遊んだ。

数日後、母とともに社長の家に呼ばれた。母は涙ながらに細い体を折り曲げ、何度も何度も床に頭をこすり続けた。私はと言えば、そのとなりで小さい体を一層小さくしてじっとうなだれるだけ。母は私に何も言わなかった。自分を責めていたのかもしれない。

目の前の憔悴《しょうすい》しきった表情の彼に、あの夏の日の情景が重なった。彼の場合は、三〇年以上にわたる新聞配達の精勤で積み重なった疲労もあったのかもしれない。それになんといっても天涯孤独の身の上では、ほかに頼れる人がいないのだ。だから自分の口で、この私に教えてくれたのだ。

私は聞いた。

「自分ではどうしたらいいと思う?」

「……」

「自分で行くのもよし、ついて行ってほしいんならそうするし、隠し通したってかまわない。俺は君の決めたほうについてゆく。やり直しかもしれんが、そんときは俺も一緒だ。自分で決めればいい」

そう伝えて、その場は帰ってきた。翌日の夕方、彼から電話が入った。

「店長に言いました。店長からは〝また頑張れ〟と言われました」

受話器ごしのむせび泣きを聞きながら、私の胸も熱くなった。

そうだ、頑張れ。また一からやり直そう。つまずくことがあっても何度でもやり直せばいいんだ。

◆私の家庭——貧困と粗暴な兄弟の中で

ここまでお読みいただいた読者の皆さんには、感謝の一言である。最後は恥ずかしながら、私という人間ができた道程と、いささか独断と偏見に満ちた〝へぐり流ソーシャルワーカーの心得〟を紹介して第一部の終わりとしたい。

私は終戦の一九四五年に帯広に生まれ、戦後の混沌とした社会の中で育ってきた。日本中が貧しく、生き抜くことだけに必死だったせいか、ものごころがついた頃から家族の風景はいつも皮膜がかかったかのように薄暗いイメージでしか思い出すことができない。

市の中心部から歩いて一五分ほどの中小路の一角に縮こまるようにあったわが家は、六畳二間と四畳半の粗末な賃貸住宅だった。父親は私が三、四歳の頃に家を飛び出し、そのまま帰ってこなかった。家族は、私とは一七歳違いの長女から始まる八人兄弟で、私はいわゆる「ばっち」と呼ばれた末っ子である。母子九人が残された頃の母の年齢は、四〇代半ばくらいだっただろうか。父が出ていった後の大家族を守るため、昼夜を惜しまず働いてくれた。

当時の母は「かつぎ屋さん」で稼いでいた。毎朝四時頃には家を出て、朝市で大量の野菜を仕入れ、帯広駅から一番列車で当時三時間ほどかかった釧路市に出向き、駅前で野菜を売る。店じまいの時間は深夜近く。最終列車に乗って帰ってきた。休みはお盆と大晦日だけで、幼少期の私が母とゆっくり会話を交わした記憶はほとんどない。

私が中学に入ると、月に何度かは朝市での買いつけと駅までの運搬の手伝いをさせられた。野菜も束になれば相当の重さになる。母は野菜で重くなった竹製の「ごよかご(御用籠)」の一つ二つをヒョイと背負い、残りをリヤカーに載せて駅へ向かっていった。この「かつぎ屋」を七〇歳近くまで続けていた。

明治三七年生まれの母は八六年の生涯をひたすら家族に尽くしてくれた。代償を求めず、いつも穏やかな表情を崩さない辛抱強い人だった。控えめな所作の中に凛《りん》とした雰囲気があった。日々の多忙さから一緒にいる時間こそ少ない幼少期だったが、不思議と全身に〝母の想いを受けた〟という皮膚感覚が残っている。

今もって私をとらえて離さない母の言葉は、小学校に上がる前に言われた「母さんは釧路にいてもちゃんとあなたたちの姿が見えるのよ」という一言だ。このことは私という人間に基本的信頼感を植えつけ、仕事のうえでも実に大きな示唆を与えてくれた。

ちなみに、自分の娘たちが少し大きくなったある日の夕餉《ゆうげ》どき、彼女たちに「父は空を見ればお前たちの姿が見えるのだぞ」と得意気に言ったところ、「バッカみたい」と一蹴《いっしゅう》された。その娘の一人も先に逝った。今は母と娘の二人に見られていると思うと、この年でもわずかにたじろぐ。もう悪さはしない、と思うのだが。

女手一つで私たちを育ててくれた母とは対照的に、兄たちに対しては子供心にも「親不孝者め」と思うことが多かった。泥酔し血まみれになって警官に支えられながら帰宅する者や、食事中にいきなり食卓を蹴り飛ばし、家を飛び出していってそれきりの者。いつも人生を悲観的に考え、自分の不遇を家のせいにし、母を悪しざまに言う者。

こんな兄たちのとばっちりを受ける年下組には、「飯の作り方が悪い」と兄たちに責められ、そのうえ毎月のように私の担任教師に呼びつけられた親代わりの四学年上の姉や、チラシの裏に書かれた「今日は〇〇さんにお米を借りに行くように」という母の伝言に、しぶしぶ親戚回りをする年端のいかない自分がいた……。

慢性的な貧困に加え、皆が自分なりに深刻な悩みや問題を抱えていたのだろう。今ならば「機能不全家族」の分類に入るのかもしれないひとつ屋根の下で、いらだちと緊張感に疲弊する毎日が続いていた。

その中で私自身は、末っ子特有の恩恵もあったと思う。むろん家族の一員には違いないのだが、なにしろ、いくつになっても一人前扱いされない「ばっち」なのだ。家の中がどんなに険悪な雰囲気になっても私に刃が向けられたことはない代わりに、意見を聞かれたこともなかった。

ある時期に人を介して、父が家に戻ってきたいという意向が伝えられた。それをどうするかで侃々諤々《かんかんがくがく》の家族会議が繰り広げられたが、その時とて私は意見を求められず、部屋の隅でじっとみんなの表情を窺《うかが》っていたのを覚えている。

また私が五歳の夏、次兄が二〇歳を前に病で逝った。そのことは少し大きくなってから親戚の茶飲み話でたまたま知ったが、家族の口から直接聞かされることはついぞなかった。禁句だからというよりも、単に「しずおはまだちっさい（小さい）から」という母たちの気遣いだったと思う。

いずれにしてもこのような末っ子の立ち位置が、幼い頃は居心地の良いものだったことは事実である。かまってもらえない代わりに、火中の栗を拾うことはなかったし、どちらかと言えば〝高見の見物〟気分で、家族の分析や批評まがいのことをして気をまぎらせていた。業界用語でいうとさしずめ「家族力動《りきどう》を見渡していた」ということか。気がつけば、いかにお調子者で通すかとか、周囲に嫌な気分をさせないかばかりを考えていた幼少期だった。

◆留年と授業ボイコットの高校時代

中学に入ってからは少しずつ自我が芽生え、貧しさへの嫌気や社会に対して漠然とした疑問や反発を抱くようになった。中学後半の三者面談では、「母を一日も早く楽にさせたい」という思いから職業訓練校を希望したが、その頃はもう兄たちが社会人になっていたこともあり、家族から公立高校への進学を勧められた。結局両方を受験したが、目指していた訓練校は落ち、望んでもいない公立高校に合格という結果に落胆した。

高校では忘れられない出来事が二つあった。一つは私のその後の運命を変えた留年であり、今一つは授業ボイコット事件である。

留年の顛末はこうだ。高校二年も終盤を迎えたある日、学級担任に呼ばれ「お前は三年生にはなれない」と告げられた。留年である。以前ちょっとした生徒同士のもめごとに関わっていたことと、なにより成績の不良が原因で弁解の余地はなかった。身から出た錆《さび》である。

退学か、留年か。人生の岐路に立たされ、一週間は人並みに悩み続けたが、友人たちが私を悪しざまにこき下ろしながらも「春から上級生、下級生としてまた会おうぜ」と言外に励ましをくれたし、家族は「また〝ばっち〟(末っ子)のやりそうなこと」と言わんばかりに何事もなかったようにふるまってくれた。

結局背中を押されるようにして二回目の高校二年生となった。きわめて居心地の悪い新クラスで机を並べた同級生とは、のちに数十年にわたり帯広で仕事をともにすることになる。人生の最初の転機が「留年」というところが、なんとも自分らしいエピソードである。

続けて、もう一つの「授業ボイコット事件」の顛末を記そう。二度目の二年生の後期に入ってからのことである。「旧同期の連中(三年生)全員に感謝の気持ちを伝えるために卒業式で送辞を読もう!」と思いつき、生徒会長選に立候補した。

結果は三年生からの無言の圧力が効いたのだろう、対抗者を退け当選した。今思えば、このときの成功体験は密かに〝一人前扱いされない末っ子コンプレックス〟を抱えていた私が初めて周囲に認められた出来事であり、おおいに自信と勢いがついたのだと思う。

年が明ければ私自身も晴れて卒業、という三年の秋頃、ささいなことで私たちのクラスと学年担当の教員との間にもめごとが起きた。延々と続くやりとりと教員側の傲慢な態度が私たちの態度を硬化させた。

そこで徹夜で考えたのが、翌日の全校一日ストライキだった。登校時にビラをまき、放送室を占拠し全校生徒にストを呼びかけた。体育館のステージではアジ演説が弾け、教員は血相を変え校内中を右往左往した。ストはその日で収束させたが、火付け役である私たちのクラスだけはさらに一週間にわたって授業ボイコットを継続した。結果、校長以下教員幹部が謝罪して、一連の騒動は終結した。絵に描いたような完全勝利だった。

この一件で忘れられない人物が、私たちの担任・渡邊勝先生である。渡邊先生は我々に終始、「気の済むまで話し合いをしなさい」と言い続けてくれた。職員会議は言うに及ばず、市の教育委員会やＰＴＡをも巻き込んだ前代未聞の非常事態の中、先生が批判の矢面に立っていたことは容易に察せられる。教師としての適性さえも疑問視されていたかもしれない。

それでも終始一貫した恩師の態度は、母の養育姿勢とも重なるところがある。それは「待つこと」と「基本的信頼」。子どもたちを信頼し、待つことが最良の子育てであり教育であると信じた二人の大人に見守られた私の子ども時代は、たとえ貧しくとも幸運であったように思う。

余談をもう一つ。この騒動の後の期末試験でカンニングがあっさりばれた。二度目の留年は免れたが、さすがに卒業式には出してもらえなかった。卒業アルバムの寄せ書きに綴られた渡邊先生からの言葉は「有言実行」であった。

◆留年しながら大学を卒業し帰郷

大学は自らの貧困家庭の実体験に押されるようにして、留年の結果席を並べることになった同志A君とともに故郷を後にし、夢と不安を抱きながら名古屋の日本福祉大学に進学した。時代は風雲急を告げる六〇年代に突入し、全共闘や東大安田講堂あたりに不穏な空気が渦まいていたが、私自身は大学の校庭やその周辺で繰り広げられるフランスデモを横目に野球に明け暮れ、四年の夏には順当に故郷の総合病院での内定が決まっていた。ところが、である。秋、教務に呼ばれ、「あなた、新年度の体育の履修届を出しておいてね」という思いもよらない言葉に全身が凍りついた。二年次に必修だった体育の出席日数が足りないというのだ。明らかに何かの手違いだと食い下がったが、向こうは出席簿を元に話しているのだからとラチがあかず、つまるところ留年か退学かの二択を再び迫られた。だが高校時代とは深刻さも、周囲に及ぼす影響も別次元だ。せっかく長い髪も切ったというのに……。

むろん退学という選択はありえなかった。留年すれば新年度の四月から九月までの在籍で、九月末に卒業になる。半年間の辛抱だ。とりあえず私が赴任予定だった帯広の総合病院へは、まだ就職が決まっていなかった岐阜出身の同級生に三顧《さんこ》の礼を尽くし、その任を受けてもらえることになった。心底安堵した。この彼と高校・大学時代に机を並べた同級生、それに、私の三人がのちの帯広初のPSWグループ勉強会「月曜会」の創立メンバーとなる。縁である。

そして肝心の私自身は留年が決まった即日から実家からの仕送りを止めてもらい、自分で稼ぐことにした。週一回、二年生と一緒に二時間の体育の授業に出る以外は時間があり余っているのだ。下宿を出て、三食・酒付きの建設飯場に寝泊まりし、荒くれ男どもとの共同生活でしのいだ。彼らから見ると大学生の私は赤子同然で、結構かわいがってもらったと思う。

それにしても家族にあわせる顔がないとはこのことだろう。正月にはチラシの裏に「タマニ、タヨリヲ、ヨコシナサイ」と綴られた母からの手紙が寄せられ、自分のふがいなさにいらだちが募るばかりだった。

桜三月、同期が旅立ってから私の心は一層荒《すさ》んでいったが、〝拾う神〟は存在した。週一回の体育の授業に不承不承《ふしょうぶしょう》出席し、悶々《もんもん》としていた夏のはじめに、地元帯広の別の総合病院から求人のオファーがきたのだ。即決だった。今度こそ卒業証書を手にして故郷に帰ったのが一九六九年九月のことである。

ふり返れば、もとは望まぬ公立高校の合格に始まり、高校・大学と二度にわたる留年騒動は自分の力不足を痛感させられてばかりの回り道のように思えたが、まあ、いっか。終わりよければすべてよし、と今は笑い話のように受け止めている。

◆「やどかりの里」の谷中輝雄さんとの思い出

私が二〇一二年に逝去された谷中輝雄さんについて語るのは大変不遜だが、これまでも氏の言葉を度々引用させてもらったこともあり、お礼を兼ねて少々、氏のことに触れるのをお許しいただきたい。「谷中論」あるいは「やどかり論」に関しては数多の論考が世に出されているから、今さら私の出番などないことは承知のうえだが、これほどの影響を受けた人は他にいないことからあえて書かせていただく（ここから「谷中さん」と呼ばせていただく）。

谷中さんが「やどかりの里」を設立された一九七〇年初頭、劣悪な精神医療を取り巻く状況は一向に改善される気配もないまま大上段に構えた物言いだけがあちこちで広まっていた。二〇代後半だった私も政治や体制、システムなどを語ることにいささか酔っていたように思う。とにかく何かに反発し、小難しいアンチテーゼを唱えたい。そんな時代の空気が蔓延していた。

そんなとげとげしい時代を経て、七〇年代も終わりの頃に飛び込んできたのが、谷中さんが提唱した「ごく当たり前のくらしを」というフレーズだった。当時は全く意味がわからなかったが、この一見やさしい言葉の真意がわかってきたときの衝撃は、今も忘れられない。今で言う「生活支援」概念の原型である。

失礼な話だが、谷中さんとの最初の出会いはよく覚えていない。「やどかりの里」自体は私がこの仕事に就いたとき、すでに全国に名を馳せていたのでお名前は知っていた。何かの研修会の会場に貼ってあったポスター「〇〇時から〝やどかり〟と語ろう」を見て、「これがあの〝やどかり〟の谷中さんか」と興味が湧いた。なので当初はライバル意識半分、同志の気持ち半分であった。その感情が「この人はすごい！」という尊敬の念に変わるのにそう時間はかからなかった。

谷中さんは精神病院のワーカーを辞して「やどかり」を立ち上げ、自ら地域に打って出られたのだが、一九七三年六月に起きた「Y問題」と、その後一〇年近くに渡る混乱期に務めた日本PSW協会の理事長の立場で、文字通り火中の栗を拾った谷中さんの当時の状況を考えれば、これがどれほど大変なことであったことか。よほどの決意がおありだったのだと思う。

何かの機会に帯広にお呼びしたときのことだ。たまたま北海道の精神科医の大御所と谷中さんが鉢合わせになった。大御所は「医師を中核とした保健チームが患者の社会復帰を進める」論（医学モデル）を主張するのに対して、谷中さんは「障害者には暮らしが必要。地域の生活の中で彼ら自身がハンディを克服してゆく」論（生活モデル）を唱えて一歩も引かなかった。人間、谷中さんの強い信念を見た思いだった。

その後谷中さんとはさまざまな機会でお会いすることができた。私も何度か「やどかり」に押しかけ、数日過ごさせていただいた（当時まだ伝説の「茶の間」があった）。

「生活支援センターなんか簡単にできるよ。六畳間と電話一本あればいいんだ。当事者には相談相手と仲間と居場所ができる。帯広だったら小栗所長で決まりだね」

などという冗談とも本気ともつかないことを言われたりもした。

谷中さんが折に触れて「できることがあったら手伝うよ」と言ってくれていたのに甘え、一九九〇年代に北海道全域に広まった「こころの病　市民ボランティア講座」の連鎖的な立ち上げに尽力していただいたことは第一章で触れたが、もう少し詳しく話そう。

谷中さんご自身も「ボランティア講座の件では小栗君に随分騙されたよなぁ」と楽しそうに語っていたのを思い出す。

「〝谷中さん、講演をお願いします〟って言うから行くんだけれど、それが終わったら〝実は明日もどこどこに予定していて何とかお願いします〟だろ。仕方がないからまた行くんだけど、行ってみたらお客さんが会場一杯で、なんだこの集まりは？　って感じだったね。その次もまた同じ調子で、こき使われたなぁ」

これは実は私の戦略であり、当時道内全域に市民ボランティア講座とボランティアグループを立ち上げたくて、その着火役が「やどかりの里　谷中輝雄氏セミナー」の開催だった。「あのやどかりの谷中さんがやって来る！」と各地域の保健所やワーカーグループに呼びかけ、講演終了後にはその場でボランティア講座実行委員会を立ちあげてもらい、地元ボラ講座の開催に結びつけるという作戦だった。何せ当時「やどかりの谷中」の名は絶大だったのだ。

その目論見はことごとく成功し、毎年愉快な講演行脚が続いた。谷中さんも楽しそうにおつきあいをしてくれた。旭川・遠軽・網走・稚内・小樽・岩見沢・芦別・富良野・苫小牧……随分一緒に回った。

谷中さんは来道する時必ず「やどかりの里」の当事者の方たちを同行させていた。講演の中で谷中さんが当事者に話を振ると、その方が突然大声で歌い出し、皆あっけにとられながらも会場中が笑いに包まれたこともある。今で言うピアスタッフの同行は、谷中さんだから実践できた先進的な試みだったとも言える。

だが当事者を前面に出すことに対し、一部からは「道化扱い」「病状悪化につながる」などの批判もあったと言う。しかし「やどかりの里」発足からの足跡を見れば、「いつも当事者・家族とともに」と言う谷中さんの姿勢は一貫しており、何ら批判に当たらないことは明白であった。

道内行脚が一段落した頃、谷中さんに「小栗君は病院勤めより精神保健関連のプロデューサーのほうがいいね。早く病院を辞めなよ」と真顔で言われ、いい気分になったこともある。あの笑顔が忘れられない。

最後に、今も心の中に残っている「谷中語録」を少し紹介しておきたい。

●「記録が無いのは実践なし」。何度もきつく言われた。
●「小栗はすぐに病院を辞め、地域支援を全うすべし」。そう言われてもねぇ。
●「彼ら（障害当事者）と付き合うには、ちょっと横か斜め後ろがいいね」。いい風景です。
●「障害者と呼ばれている人たちに必要なのは地域での当たり前の生活だね」。ごもっとも。
●「小栗君ね、泥水はしっかり飲み込みなさい。泥水の中にこそたくさんの栄養素が含まれているのだから」。全くそう。ソーシャルワーカーは〝雑務の達人〟です。
●「君たちの活動は大宮（「やどかりの里」所在地）に帰ってからも見ているよ。空を見上げたら鏡のようになって君たちの姿が映るんだよ」。えっ、まさか！　母の言葉と同じとは！
●「ソーシャルワーカーは、ソーシャルワーカーたる資質の中に楽天主義的なものを持っていないとできない仕事だ」。谷中さんはどんな時も笑顔でした。
●顔を合わすたびに「君、いつ病院を辞めるの？」。うーん……。
●そうして講演最後にはいつもの決めセリフが出る。「さて皆さん、もうおわかりですね」。そう言われても、いまだわかっていない自分がいる。

常に当事者中心であり、どんな時も精神障害者と呼ばれている人たちの力を信じている、そんな人だった。感謝の言葉しかない。

◆ソーシャルワークに必要な「感性」と「センス」

ここからは〝へぐり流〟ソーシャルワーカー論である。若い方たちの事例報告を聞いていて、時々「いいセンスをしているなぁ」と感じ入ることがある。あるいは当事者との対応の報告などを聞いていても、その分析力や視点に感性の鋭さを感じることがある。

一般には専門的視点や専門技術には原理原則が土台にあり、その原理原則は何人にも立証可能で、かつ有効性をもたなければならないものである。だが「感性」や「センス」というのは全く個人的なものなので立証が可能かどうか、あるいはその評価についても人によって曖昧なことが多い。

にもかかわらずソーシャルワークにおいて「感性」や「センス」が必要とされるのはなぜだろう。教科書的に言えば、「蓄積された経験値や実践値に裏打ちされた独特な態度」という意味に近いかもしれないが、違うニュアンスもありそうだ。

ここで私が感じた身近な二つの事例を紹介したい。

●事例一——銀行のカウンターに見た接遇のプロの「感性」

重い心の病を背負っている人たちの中には緊張しやすく口下手で、順を追った行動が苦手な人も多い。それは「生活障害」とも言われ、それゆえに誤解や偏見が増幅され地域生活や社会参加を一層困難にさせられている。ある日、グループホームに入居して間もないヤマナカ君の銀行行きに同行した。銀行に行ってお金を下ろすという行為も生活障害のある人には一人ではすぐにはできないからである。支援者とともに一つひとつ「できる」経験を積み重ねていくのが大切である。ただし代理的行為は極力しない。

ヤマナカ君は「キャッシュカードは怖い」との理由で、銀行はいつも窓口対応だ。カウンター越しに彼と女子行員とのやり取りが始まった。大した手続きではないはずだが、徐々に彼の大きな声がロビーに響き始めた。ヤマナカ君は心根は優しいのだが体も声もでかく、長い患いのせいか病的な表情が抜けず、飲み込みも十分でないため、時に誤解を招いてしまう。

二人のやり取りはわずか五分程度だったが、何かの手違いがあったのか彼はカウンターで大粒の汗を拭きながら「だからねっ、僕はねっ、これこれしかじかでねっ」とたどたどしくたたみかけている。私は少し離れたシートで待っていたが、「出番かなぁ」と腰を浮かしかけたそのときだった。

それまで彼の陰になっていた女子行員の対応に目が吸い寄せられた。彼女は必要な時以外彼から目を離すことなく、きちんと正対し穏やかな笑みさえ浮かべていた。周囲の緊張をよそに落ち着いた態度を崩さず、時にうなずき、また十分な間合いを取りながら説明を繰り返し、彼との同じようなやり取りを何度も行っている。近くの同僚にアドバイスを求める素振りもない。しばらくしてようやく手続きが終わった。ヤマナカ君は笑顔で丁寧に礼を言い、彼女も「またどうぞ」と明るく応えた。私のそばに戻ってきたヤマナカ君は「うん、来て良かったよ。これで今晩から眠れるよ」とほっとした表情で言った。

さて、彼女の堂々とした対応は、むろん本人の素晴らしい資質もあっただろうが、優れたトレーニングを受けたものであることは容易に察しがついた。単に優しく丁寧に、というばかりではない。視線や表情、身のこなし、「待つ」姿勢を含めた間のとり方やお客のニーズの把握、伝達技術など、どれも専門技術に裏打ちされたものという印象だった。

確かにビジネス業界では接遇教育は当たり前のように行われているのだろうが、そこにはその技術を使いこなす他者への関心や相手の心に思いをめぐらす、その人なりの感性やセンスが存在しているのではないか。それは私たち医療・福祉職が理想とする姿と変わらないように感じる。

●事例二――「いいですよ」情報を瞬時につなげる即答の「センス」

身体的にも危うい状況で、内科医師からも入院を勧められていた独居のヨネさんは頑として入院を拒んでいた。理由は、自宅にいる三匹の猫を放っておけないからだった。家族同様の存在だから無理もない話なのだが、打つ手がなくなった私は思いあまって退職した保健師に電話で助けを求めた。彼女は私が最後まで言い終わらないうちに「あ、その猫ちゃんの餌やり訪問ね。いいですよ」と即答して私を驚かせた。それを聞いたヨネさんもようやく入院を承諾し、退院までの毎日交代で餌やり訪問を続け、事なきを得た。

当時はまだ訪問看護の概念すら十分ではなく、ましてや相手は猫である。もっと言うとお金になる話でもない。彼女は何をどう感じ取ったのだろう。即座の「いいですよ」は、きっと彼女の中で「猫も家族の一員」「生活を守るキーワード」「医療は生活を守るもの」ということが一瞬のうちにつながったのではないか。その一瞬が感性であり行動に移すセンスなのだが、大抵の場合は「猫より病状」「医師の指示」「職場上の立場」「本来業務か否か」を先に考える。即答をためらったとしても不思議ではない。

こうした銀行員や保健師の事例から私なりに考えると、「感性」は外から入る情報に対する内側からの受動的な反応であり、「センス」は外部環境を把握したうえでのその人固有の能動的な発信機能の高さのように思う。

例えば絵画や芸術を見た時の感じ方は「感性」であり、スポーツ一般におけるトリッキーな技や、他人の目を楽しませるファッションなどは「センス」に属するだろう。独特のインプットと、固有のアウトプットとも言えようか。

先ほどの銀行員は前者に優れ、「いいですよ」の保健師は後者に優れていた。ただ、どちらにも外界や環境への反応という鍵となるものがあったことを忘れてはならない。それは私たちの仕事が人と環境との相互作用に左右されるものだからだ。

「感性」と「センス」は互いに共鳴し合うのだが、ほとんどは無意識のうちに使っている。教科書的な決まりごとが多いソーシャルワークの現場でこの二つを磨く、あるいは教えることは一朝一夕にはいかないが、あえてそのヒントを挙げるとすると、ヒューマンサービスの基本的姿勢、すなわち人への尊厳や研ぎ澄まされた人権感覚、多様性に対する共感などを自分の背骨として持っていることが最低限必要な条件のように思う。

日本PSW協会名誉会長の柏木昭氏の言葉をお借りすると「……センスは「かかわり」の経験と厳しい自己点検を積まないと身につかない……逆の言い方をすれば、センスと言う一種のコツを身に覚えたソーシャルワーカーはこの仕事の尊さと、面白さを体感できるようになるであろう」（柏木昭・佐々木敏明著『ソーシャルワークの協働の思想』へるす出版、二〇一〇年）ということになる。

若いPSWの方々には「感性」と「センス」の双方をうまく組み合わせて、いい仕事に結びつけていってほしい。

◆「どうして逃げてばかりいるんだよ! アンタは!」

ソーシャルワークの現場から切り離したくてもなかなか切り離せない「権威性」と「専門職性」についても、少しだけ触れておきたい。障害当事者の大半は私たち専門職者の話を、正しいものとして受け取ってくれる。私たちの中に専門職者固有の権威や専門知を見るからだろう。もちろんそれらが有効に機能することも多いが、その威力を過信しすぎると、時には当事者の人生をネガティブに規定してしまうことも起こりうる。

グループホームに入居しているオガワ君はやや気まぐれで、物事をなんでも自分の都合のいいように解釈し、周囲からは少し敬遠されているタイプの、言ってみれば〝豪速球派〟の青年だ。あるとき、月例のミーティング中に、とある議題について彼から質問が上がった。私も前々から難しいと感じていた内容であり、はっきりとしない答え方になってしまった。それでもオガワ君が事を察してくれてこのまま収まるだろうと私はタカをくくっていたところもあった。だが、事は違った。徐々にオガワ君の表情がこわばっていくのがわかった。私の曖昧な態度が気に入らなかったのだろう。突然立ち上がり、

「どうしてそんなにいつも逃げてばかりいるんだよ！　アンタは！」

と強い口調で迫ってきた。それを聞いた瞬間、私も思わず頭に血が上った。

「俺のどこが逃げてるって言うんだ！」

「なにッ！　やるのかテメェ！」

「何だその言い方は！　いつも逃げてるってのはどういうことだ！」

あわや一触即発の事態になったが、とっさに他のメンバーが「まあまあ」と間に入ってくれてその場がおさまった。バカな話だ。私が、である。たとえ無意識だったとはいえ、どうしても拭いきれない権威性らしきものを散らつかせた私が、彼を言いくるめようとしたことは明らかだった(暗黙の支配)。なぜ素直に「ちょっと時間をくれ」とか「もう少し整理してからあらためて」

と言えなかったのか。専門職だってわからないことがあって当たり前だというのに。

こんなふうに自分の人間としての地金《じがね》がむき出しになると、ポジティブな専門職性などいとも簡単にどこかに行ってしまう。さらに自衛のために過剰反応したことでなおさら「俺という人間は所詮、こんなものかなぁ」と気落ちしてしまうのだ。この仕事は、自分の人間性をまざまざと自覚させせられるときが一番しんどい。先ほどの「感性」「センス」とはまた違ったところで、当事者との「誠実な関係性」や「丁寧に関わる」への鍛錬の必要性を痛感させられた出来事だった。それにしても〝いつも〟はねえだろう……。

◆自身によるへぐり語録——その一、「ソーシャルワークの仕舞い方」

「仕舞い方」とは私の感覚的な表現である。ソーシャルワーク経験の長い方には同じ感慨を抱く人もいるのではないか。一般には「契約終了」であったり「終わり方」「ゴール」と言われるものだろう。それは確かにそうなのだが、私にはいつも違和感があった。この仕事の大半が、その時が来たらからと言ってクリアカットに関係が終了するわけではないからだ。

現実には未練が残ったり、不全感のまま終わったり、後ろ髪を引かれる思いをしたり、終わったつもりがまたぶり返したり、突然のハッピーエンドだったり……。そんなことばかりである。

しかし一旦は「仕舞う」のだ。仕舞った後にまた「解く」こともある。やれやれと仕舞ったつもりで勝手に結んでおいた結び目がいつの間にか緩み、またぶり返すことも。一緒に仕舞い合う心地良さも時にはある。子供の頃「ちゃんと仕舞ったかい！」とよく言われたのを思い出す。〝るっせぇなぁ、わかったよ〟と毒づいても、きっと明日にはまた緩んでいて縛り直しだ。「だば、一体いつ終わるのだ」と戸惑う人もいるだろうが、ソーシャルワークは一旦仕舞った後も続くプロセスなのだ。互いの信頼を繰り返し確認し合う「仕舞い合い」が続いていく。

◆自身によるへぐり語録――その二、「おとなになったらわかる！」

大っぴらにはできないが、言葉に詰まった時の逃げ口上の定番である。同業者同士で議論になった時などに使う。「僕はまだ大きくないのですか？」と五十路の後輩に不信顔で聞かれたこともあるが、そこでも「おとなになったらわかるものだ」とけりをつけた。

ごくまれに当事者とのやりとりでも使う。それではまるでソーシャルワーカーは詐欺師ではないかと言われそうだが、実際のところ、実感を伴った「わかる」には時間がかかるのだ。当事者にとっては理解する力、こちらにとっては理解してもらう技量、経験値を生かせる時間がどうしても必要になってくる。

ソーシャルワークというものは、教科書で学んだことに自分の経験値が加味されて、その人なりのワーカー像が出来上がるのではないかと思う。また仕事を長く続けていると、一人の社会人としてライフサイクル上に起きるプライベートな出来事が、仕事観に反映されていることにも気づくだろう。

むろん、「自分の場合がこうだったから」という個人的な経験値をそのまま他者に押しつけるような行いは専門職として論外だが、そうしたリスクを自覚しつつ、自分なりの援助スキルとして高めてゆくことはいい仕事につながることも多い。これを私流には「ブレンドワーク」と呼んでいる。

などと勝手なことを言いながら、不満そうな年上の後輩を横目に、明日もまた「おとなになったらわかる！」と吠える場面があればなと、私はほくそ笑んでいる。

◆自身によるへぐり語録――その三、「理想を追え！」

当たり前の話だ。志を持ってこの仕事に足を踏み入れた者は、皆そう思って日々を過ごしてゆく。しかし実にあっけなく、その夢は砕かれる。組織のしがらみにより、世間の壁により、制度の仕組みにより、自分の人間性の未熟さや経験の浅さにより、人間関係の軋轢《あつれき》により。

何よりも私たちの相手である生活障害を背負った当事者たちとの波長の合わなさによって心が折れるのだ。これが一番痛い。

私たちの仕事の軋《きし》みは全て、「私」と他者との相関の中にある。「ソーシャルワーカーイコールいい人幻想」なんか捨ててしまえ。君は何をしたいのだ？ 自分は何者なのか？――をいつも問われ続ける。だがたとえ、心が揺らぎ、たたらを踏み、心が空に飛ばされそうになっても理想を追うのだ。

良き友人や先輩を作り、マネをし、当事者との仕切り直しを何度も繰り返し、小さな成功体験を積み重ねて理想を追うのだ。小さな嘘くらいは許す。泣き言を言ってもいいではないか。ソーシャルワークだけが人生の全てではない。しっかり食べて、笑って、語って、泣いて、たまには酒に飲まれ、夜遊びもいい。悔しさも、一時の諦めも、いたたまれなさも、痛みも、失敗も全て希望のためのプロセスだ。そして、ちょっとだけ戦えたら、それで十分だ。

だから理想を追え！　自分の物語を創るのだ。

わたくしごとのおわりに

時々「お前は何をやってきたのか」と自問自答し、途方にくれることがある。母からは「空から見ている」と言われ、お世話になった谷中先生や大江先生たち、心の師からは「専門職らしいことをやっているのか?」と天上から問われても、自分に芯がないというか、腹が据わっていないからなのか、どうもビシッとできない。「頑張らねば」と思い、専門書を開けても全く頭に入ってこない体たらくだ。

そもそも業界用語にさえ閉口しているアナログワーカーなのだ。現下の「ケアマネジメント」と「ソーシャルワーク」の違いをやさしく教えてくれる者もいない。「援助」と「支援」の区別がつかない。現場にいれば「ピュア」なのか「ケア」なのかわからなくなるし、平仮名の「障がい」表現の必然性もよくわからない。一時期流行った「ともに生きる」とか「寄り添う」「障害は個性」とかは当事者がそう思って使うのは構わないが、第三者が言う話ではないだろうに、と思う。

いっそのこと、小難しいことは考えられないアナログワーカーらしく、自由奔放にふるまう方が気が楽か。チョンボもヘマもやり尽くしてきた。正義感もクソもなく、ただただ目の前の理不尽や不当なことへの腹立たしさにかき立てられてこの仕事にがむしゃらに取り組んできた五〇年の歳月が私の職業人としてのおこがましくもささやかな証であり、当事者の方々からたくさんの宝物をもらってきたと思っている。だから、この仕事はいい。

なんだか行き当たりばったりの失敗談ばかりを披露してしまった。そろそろ筆を擱《お》こうと思う。「ワーカーマインド」や「ソーシャルワーカーのアイデンティティ」という言葉が聞かれなくなって久しいが、そこかしこで生真面目に語られていた時代は確かにあった。私はいまだにこの言葉を反芻《はんすう》し、その意味を考える。

若い方々から「ドラマに出てくる老刑事でもあるまいし、勘や心意気は通用しません！」と言われることは重々承知しているが、飽きもせず現場に身を置きながら、数多の法や規則に絡めとられそうな我が身に今もなお、なじめないでいる。

時代は私たちの意図とは無関係に、福祉現場を日々確実に変貌させている。だからなおさら私はソーシャルワークに拘泥《こうでい》する。「ワーカーマインドは何処に」だ。ソーシャルワーカーモデルが自分たちしかいなかった頃と同様に、今日も私は「うるさい！　オレが法律でオレが教科書だ！」と、あてがわれた窓際のデスクでひとりごちている。

【第二部】

仲間が紡ぐ「へぐり語録」

はじめに――「へぐり語録」に育てられて

「帯広のへ、へ、へぐりさんって元気ですか」

同業者の言い間違いがきっかけで定着した小栗さんの呼び名が〝へぐり〟である。

第二部を構成する私たち、小栗さんよりふたまわりくらい年下の北海道の同業者仲間は皆、大学を卒業後ほどなくして小栗さんと出会っている。無論、新米ワーカーとなった私たちは職場の上司や近隣のＰＳＷからの指導を受けて育ってきたが、小栗さんの存在は少し別格で、我々新米ワーカーたちの道標《みちしるべ》だったように思う。

初対面の小栗さんは眼光鋭く、どこか野獣を匂わせる雰囲気を持っておられた。しかし実際に接してみると、小栗さんは気さくに言葉をかけてくださり、いろいろな話を聞かせてくださった。時に軽やかに、時にはとてもとても情熱的に。その一方で泥臭く、いらだち、あがいているようにすら見える姿も私たちは間近にしてきた。それでいて人を見る眼差しはいつもやわらかかった。

数年前、小栗さんがポツリと言った。「オレも〝卒業論文〟を書いてみるかな」。それがソーシャルワーカーとしての集大成を意味するのか、少し気弱になっておられるのかわからなかったが、私はずっとその言葉が気になっていた。それからも小栗さんのワーカー人生は続き、NPO法人の理事長として、またずっと年下である私たちの仲間としておつきあいが続いている。

だがそろそろ五〇代を迎える〝元新米ワーカー〟の私たちは、これまで教えを受けてきた小栗さんのありのままの言葉を今、記録しておくべきではないかと思うようになった。今、この機会を逸してしまうと、小栗さんの存在が徐々に神聖化されて語り継がれてしまうのではないかという危惧を抱き始めたのである。

そして居酒屋での話ではあったが、「へぐり語録」を出版しようという話題が持ち上がった。小栗さんが一人でお書きになる「卒業論文」もいいのだが、小栗さんが私たちに与えてくれた「言葉」「態度」「ふるまい」も残しておきたい。むろん小栗さんが覚えていない話も少なくない。ゲラを見て、「オレ、そんなこと言ったか？」というエピソードも多分に含まれている。

そのような経緯で、この本は出来上がった。なお、小栗さんは故人ではない。

「へぐり語録」編集委員会

代表　今井博康

私が聞いたへぐり語①　北海道十勝の保健師

◆「誰が言っているんだ！　それは嘘っぱちだな」

二〇年以上前、社会福祉学科の学生とソーシャルワーカーの二足のわらじを履《は》いていた頃、著名な教授や海外留学を終えた鼻息の荒い若い先生たちの講義を受けて、感動して帯広に帰り、小栗さんに報告をしていたときのことです。

「小栗先生、私もその通りだと思うのですが、障害はネガティブなものではなくて、その人の個性だと思うのです」

そうお伝えした瞬間、小栗さんの表情が一変しました。それは恐ろしい形相《ぎょうそう》に。

「誰が言っているんだ！　それは嘘っぱちだな」

その時はもう穴があったら入りたいほど恥ずかしく、小栗さんの反応があまりにも衝撃的で、「なぜですか？」と聞くのも恐ろしいほどの形相だったことを覚えています。

あれから必死に自分なりに答えを考え続け、今はあのときの小栗さんの真意は「耳障《みみざわ》りのいい表現ほど注意しなさい。それは我々の思考を停止させる」ということだろうと思うようになりました。

この一件以来、やけに自信に満ちて説得力のある人の物言いには注意するようになりましたが、物腰が柔らかくて支配性のある人にはつい油断してしまい、いまだ巻き込まれております。ほかにも「自分で考えろ！」など小栗さんから教わったことは数えきれないほどありますし、こちらに助け船が必要だと判断した時の小栗さんはまさに電光石火《でんこうせっか》、目の前で電話をかけて救助してくれたりもします。

◆「おとなになったらわかる」

最初にこの言葉を聞いたのは二〇年以上も前のことで、自分は確か三六歳だったと思います。不躾《ぶしつけ》にも「小栗先生は全国区の人なのに、なぜ十勝の病院の一ワーカーとして勤務されているのですか。中央に出ることをお考えになったことはないのですか」とお聞きしたときの答えが、これでした。

その後もこの言葉には何度もお世話になりました。左頁のグラフは私が何歳のときに「おとなになったらわかる」をどれくらい聞いたかの頻度を表しています。小栗さんがこう回答されるときはたいてい、私が早く楽になりたいと思って教えを乞うとき、「知的に理解することに価値を置くな」と伝えようとなさっているとき、悪意としか読み取れない他者の行為を非難したとき、「私には理解できない」と率直にお伝えしたときなどです。

その汎用性《はんよう》はあまりにも広く、こちらも有名な「へぐり語」である「嘘っぱちだな」より説明するのが少々困難です。最近めっぽう頻度が少なくなっているのが残念ですが、自分がおとなになりつつあるのだと受けとめるようにしております。

「おとなになったらわかる」は、因果関係で説明できないこと、もしくは因果関係や前例も役に立たない現場があること、どれだけ最善を尽くしても後悔することなんか腐るほどあることを教えてくれました。こう書くと、「慈悲」のように思えますがそれとは異なります。

自身の成長を望むなら、曖昧《あいまい》性に寛容になること、ずけずけと陳腐《ちんぷ》な正論を言わず、ましてやそれを他者に強要するなど自爆行為であることも教えてくれました。

その結果、匍匐前進《ほふくぜんしん》する、あるいはビバークする力がつき、自分のエネルギーの残量がわかるようになったと思います。

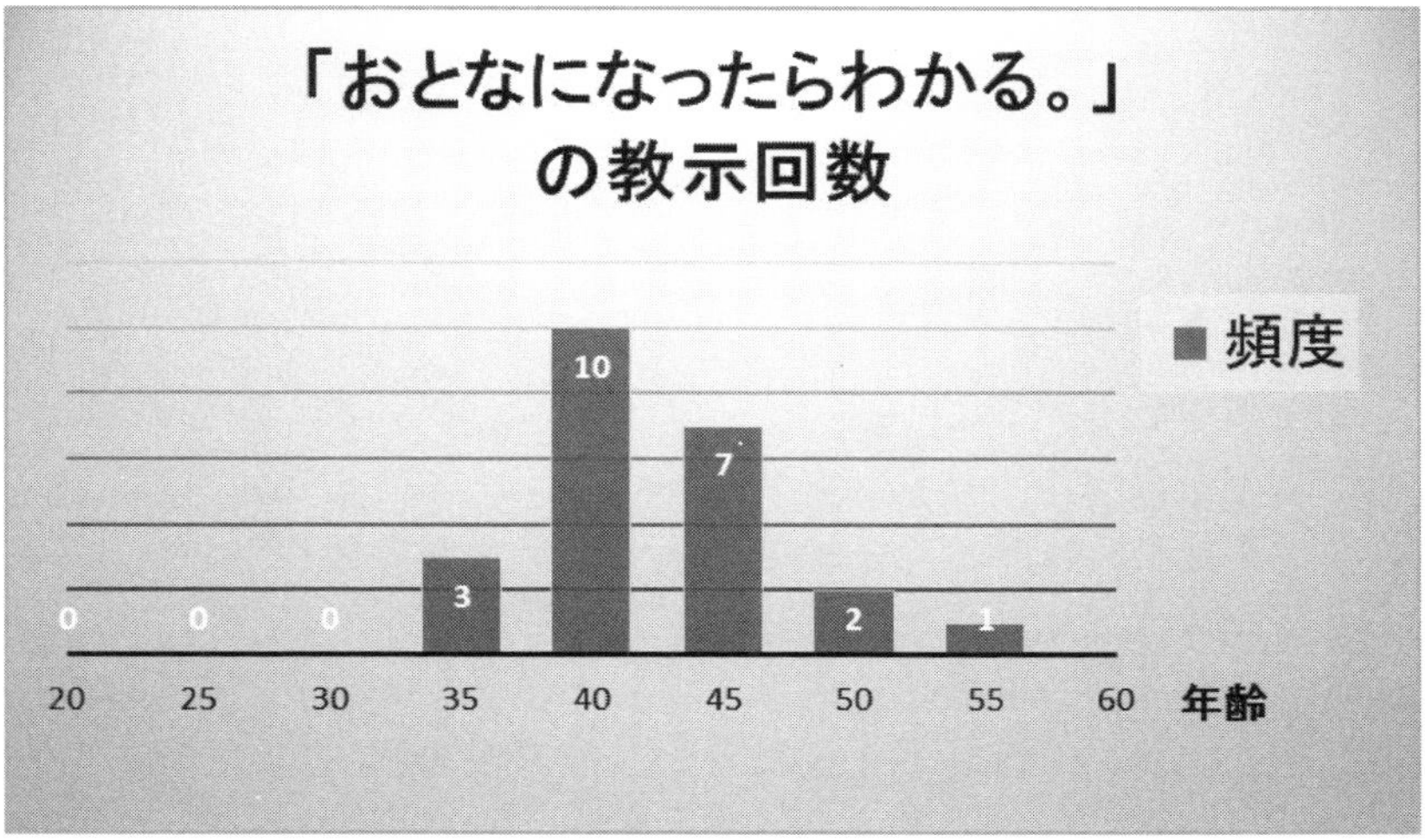

「おとなになったらわかる。」の教示回数

◆「自分のことを決めるのは本人だ」

何かのときに聞いた忘れられない言葉。自己決定。決まったと思ったら当事者である本人がひっくり返す。決めた、やめた、決めた、やめたの繰り返しということはよくある。

そこにどうやって付き合うかが私たちの仕事であり、私たちが決めることではない。やはり決めるのは本人。ところが今のスタッフは、自己決定を自分の言葉として使う。「あなたが使うのではない、本人が使うのだ」。そう言ってもわからない。「でも、あの人が決めたんですよね」と言う。当事者に「あなたが決めることなのよね」と言うのは責任放棄。確かに決めてもらうが、どこまで付き合えるかがソーシャルワークだ。

もし本人が途中で投げ出してしまったら、こちらは「さあ、どうする！」と案を提示し、また本人に決めてもらう。「やり直したい」と本人が言えば、私も一緒に付き合うから頑張ってみようかとリスタートする。でも再び失敗する。またリスタートする。

じっくり時間をかけて迷い、悩み、思いついた結果、やめるという選択肢が続くと、さすがに辛くなることはありますが、小栗さんの「自分のことを決めるのは本人だ」ということの言葉を思い出して、付き合い続けるよう努めているつもりです。

◆「自分の言葉で伝える」

小栗さんにすぐ会える環境は、僥倖《ぎょうこう》だと理解しています。たくさんのことを学ぶなかで、次のようなお話を聞いたこともありました。

「講座や実践で学んだ精神保健の課題や精神障害を抱えた方の実情や正しい姿を、周りの方に伝えましょう。初めて目や耳にした事柄がその後長い間強い印象として残り続けることは私たちも経験していますし、精神障害に対する偏見の歴史は長く、思いやりのない誤った情報が広まっていることもありました。

ですから言葉で伝えることも、ボランティア活動の一つとして大変意義の深いことなのです。そして講座や実践の中から導かれた課題に向かい合ったときのご自分の気持ちを言語化して、第三者に〝自分の言葉で伝える〟ことができれば、再び新しい自分が見つかるかもしれません」

小栗さんには幾度となく〝救命胴衣〟を投げ入れてもらい、今生きております。着衣したあと、膝までしかない小池だったと気づいたこともありました。私にとっては異界の師でしたから「小栗先生」が抜けず、今も「小栗さん」と呼ぶことに違和感があります。意識しないと皆さんのように「小栗さん」とは呼べません。それなのに先日、「右手の薬指と小指がずっと痺《しび》れてよくならない」とおっしゃった小栗さんに、「順調な老化ですね」と言ってしまいました。

◆「そんなこと、言った覚えないな〜」

先日、小栗さんにお会いしました。

師宣《のたま》う。「あれな〜、〝俺そんなこと、言った覚えないな〜〟と思うのだってあるぞ。でもな、あれは最近使わせてもらってるぞ、〝記録は記憶に記録する〟。あれは、なかなかいい」。私が嬉しくなりました。「でしょう〜！　小栗さん」と言いたくなりました。加えて「あれ、どうなっていくんだ。どうやってまとまるんだ。大変だぞ、あれは」ともおっしゃっていました。

「あれ」とはこの本のことです。

私が聞いたへぐり語②　坪井一身

（社会福祉法人帯広福祉協会　愛灯学園　副施設長）

◆「記録は記憶に記録する」

ある日の夕方、小栗さんが勤務されている施設の相談室にお邪魔して「帰ったら日誌を書かないといけないんです」とこぼしたところ、「相談室は記録を取らないいんだよなあ」と小栗さん。「なぜですか?」と聞いた私に笑いながら返してきた言葉が「記録は記憶に記録する」です。

この仕事は適切な記録が残されていないと完全にアウトですし、学生向けの講義では「記録は自分自身や事業所を守るもの」と話をしている手前、そのまま受け入れるのが難しい言葉ですが、小栗さん流の言葉遊びだと思えばしっくりくる気もします。

その後の講義や研修でもこのエピソードを織り交ぜつつ、適切な記録を残すことの重要性を伝えるようにしています。

◆「フェイス・トゥ・フェイス」

虐待案件に対応中、市内の医療機関との受け入れ交渉に全てＮＧを出され、失意を抱えて小栗さんの相談室にうかがったところ、すぐに知り合いの保健師さんに連絡を入れてくださり、隣の国保病院が受け入れてくれそうだとの返答をもらいました。その時小栗さんに言われたのが「絶対に電話で話をするな、直接会って話をしなさい」です。

電話では互いに顔を見ることができないので大きな齟齬《そご》につながることもある、ということです。その病院に行くには帯広から車で四〇分かかりますが、言われた通り先方を訪ね、病院の事務長と話した結果、無事に受け入れの了承をいただくことができました。

「直接顔を突き合わせて話をすることで、自分自身を理解してもらうことが大切だ」

「ノンバーバルな部分を観察し、交渉しろ」

これらの教えは私の中にしっかりと根をおろし、その後約一〇年間、地域包括支援センターに在職中もスタッフに「基本情報はファクスや郵送するのではなく担当者と向き合って話して来なさい」とフェイス・トゥ・フェイスをうるさく言い、実践してきました。そのおかげで他事業所と良好な関係を構築することができ、さまざまな相談にもより円滑に対応してもらえるようになりました。「ネットワークはフットワーク」に通じる名言だと思います。

ちなみに自分は声が大きいので小栗さんからいつも「受話器から声が漏れて、まわりにまる聞こえだぞ」と指摘されております。

私が聞いたへぐり語③

大辻誠司（砂川市立病院 認知症疾患医療センター 副センター長、精神保健福祉士）

◆「ネットワークはフットワーク」

一九九七年、埼玉県川越市で開催された第三三回日本精神医学ソーシャル・ワーカー協会全国大会のプログラムで、五〇人くらいの大規模なグループワークがありました。皆が順番に何かを話していったときに、小栗さんがこの言葉を発したのです。

「ネットワークはフットワーク」

語呂もよかったので強烈に覚えています。私の解釈は〝いつの時代もあらゆる人々とのネットワークを大切にし、つねに前向きに、また驕《おご》ることなく、足で稼いで顔を合わせてつながり続けること〟だと思うのです。こうした信念の下、十勝モデルも出来上がったのだと思います。

私は、この言葉を座右の銘としております。ご依頼があれば講演の中でも、あるいは質疑応答のときも、この言葉を私なりに解釈し、「人や制度、環境、業務が変わっても、足で稼いでつながることを大切にしています」とお話ししています。

今、私の地域では認知症に関するネットワークづくりが注目されつつあります。これもまた小栗さんから教わったフットワークの賜物《たまもの》かもしれません。

◆「ボランティア活動はまちづくりだ」

小栗さんは一九九〇年前後から十勝を中心に「こころの病　市民ボランティア講座」を開催し、ボランティアを志す仲間を募る活動が全道に広がっていきました。私が暮らす地域でも小栗さんをお呼びして、講座を開きました。小栗さんはどの地域でも、このことを伝え続けていたのだと思います。「ボランティア活動はまちづくりだ」と。

一市民の小さなボランティア活動が、なぜまちづくりになるのか。当初はその意味がわかりませんでした。けれども今、認知症の方とそのご家族を支えるボランティア活動に携わるようになり、二〇年を経てようやくその意味がわかったような気がします。

私の住む地域にある認知症支援ボランティア「ぽっけ」は、二〇一〇年の設立から地道に活動の場を広げ、今ではなくてはならない、介護サービスの隙間を支援する団体として本人家族だけでなく専門職からも注目されるようになってきました。

認知症に関わる方のみにしか知られていない小さな一社会資源ですが、「必要とされている」という確かな実感は持っています。ニーズがあるということは、そのまちにとって住みよい環境を一つ提供できているということ、ひいては住みよいまちづくりのお手伝いにもなっていると感じています。

「ぽっけ」を立ち上げるため、市民向け養成講座を中空知管内各地で開催した際に、『心のボランティアガイドブック―精神保健・福祉の理解―』に掲載された小栗さんのメッセージを引用させていただきました。

小栗さんは当時、こころのボランティア講座で「ボランティア活動とは」としてこのような提言もしています。

「一言ボランティア」

一声かけることもボランティア活動になる。ボランティア活動に決まった形はない。例えば相手に「何かあったら声をかけてくださいね」とことばや態度で伝える。あるいはプライバシーに配慮しつつ実践や受講から学んだことを家族や友人に伝えることもボランティア活動になる。

「非専門性」

専門家はどうしても治療、訓練、支援などの視点が入ってくる。ボランティアに専門家はいない。一住民、隣人としてお付き合いできる可能性をもっている。その住民感覚は私たちも学ぶことが多い。

「役割モデル」

自身のこれまでの経験として、例えば家事や趣味を一緒にすることで、本人が真似てみてうまくいけば、それがモデルとなって生活が少しでもしやすくなれば役割を果たせたことになる。

私も「ぽっけ」の会員さんに「受診付き添いや介護職に近い実働的な行為だけでなく、例会のみに参加し続け、じっと聞いていることもボランティア活動です」と伝えています。

活動の対象者や目に見える行動そのものは違っても、ボランティア活動に決まった形はありません。この活動が次第に町中に浸透し、さまざまな人々から依頼を受け、一資源になっていく。それがまちづくりである、と小栗さんの言葉を実感しています。

◆「〝やつら〟と言うのはやめてください」

前述の「こころの病　市民ボランティア講座」を中空知の町々でも開催しました。地元精神科病院のＰＳＷが中心となって準備を進め、私も準備委員として関わりました。講座ではたくさんの市民と出会い、専門職の固定概念をある意味崩され、一市民感覚、素人感覚の大切さも学びました。

小栗さんの講座が終わり、質疑応答のときでした。ある受講者が、近所に住んでいる当事者のことを

「町内会のルールを守らず、働かず、うろうろしているやつらは……」

と言ったとたん、小栗さんはすかさず

「彼らを〝やつら〟と言うのはやめてください」

と一蹴《いっしゅう》し、一瞬会場の空気が凍りつきました。

初めての市民を相手にした講座です。どうかこの講座をきっかけにボランティア活動を始めてほしいという主催者側の願いを思うと、こうした発言も、もしかしたら何もなかったかのようにやり過ごすのが一番無難な態度だったかもしれません。

ですが小栗さんは毅然《きぜん》とした態度を貫かれた。〝こうした発言をスルーすることが偏見を生む、だから伝えておく必要がある〟と考えての発言だったと思います。

発言した受講者はその後、地元で生まれたボランティア団体に加入して活動をしていました。ある時、その方を含めた団体関係者がわざわざ私の職場まで足を運び「研修会を開くので何か話をしてほしい」と依頼に来られました。その方はたぶん団体の役員をされていたのだと思います。熱心に活動しているんだなあと胸を打たれました。

ここから先は想像でしかありませんが、その方はあのときの小栗さんの厳しい一言で内なる偏見に気づき、自らの活動を通して払拭していく気概があったのだと思いたいです。こうした一人ひとりの市民活動がまちづくりだと思います。

◆落款と「無事之名馬」と人間磁石

二〇二〇年一月、「箱乗りへぐり会」（本書の編集委員会の愛称）で、小栗さんから落款《らっかん》の話を初めて聞きました。大阪のCOML（コムル）創設者である故・辻本好子さんから贈られたもので、ひらがなの「へ」の字の上に栗の絵がのっています。

小栗さんは「大事な人に使うことはあるが、そう、しょっちゅうは使わない」と言いました。私も確か小栗さんからいただいた手紙に捺してあったなと思い探したところ。以下の三通の葉書と一通の手紙が出てきました。

一通目の葉書は、小栗さんが帯広協会病院を退職されたときの挨拶状です。

奉職以来、大きな失態もせずに過ごせた幸運に感謝しつつ、そんな四〇年近い平凡な職業人生も、〝無事之名馬《ぶじこれめいば》〟だったのだと自負しております。今後は下記の職場においてもう少しばかりお手伝いをさせていただく事になっております。お立ち寄りいただければ幸甚です。

「無事之名馬」の格言を使われるところが、実に小栗さんらしいと思いました。私も定年まであと数年となり、最近よくこんな言葉を口にします。「職業人生の余白が少なくなってきた今日この頃」。「職業人生」という言葉は、この葉書が出典元だったことに気づきました。

二通目はポストカード。

「昨夜のNスペを見ました。ホントにいいお仕事されていて、心からうれしく拝見しました。（中身は深刻ですけどネ）。旧知の仲間の元気な姿を見ると、やはり勇気をもらえます。これからもご健闘下さい」

三通目は二〇一七年の年賀状。小栗さんらしからぬ、かわいい干支の絵が散りばめられているハガキに「もう少し頑張りマス。どこかで会いたいネ！」と一言。

そして最後は一通のお便り、これは退職前のお手紙でした。

私は来春で四〇年の病院勤務をリタイヤです。特段の感慨もなく、マァ「無事之名馬」ってとこでしょうか。フツーのオジサンのフツーの退陣です。（中略）三千之さんは四国巡礼の

準備とか。服部さんは札幌に戻り、生き生きと。大江の佐々木さんはNPO業務で懸命に私の子守りに苦労してますワ。年明けにこの連中と「シニアクラブ」をデッチ上げて、一泊温泉としゃれこもうかなと画策中。粟野は来年からの行く末に迷っていますが、半分元気です。(中略)くれぐれも御身と家族を大切に。いつか会って、また騒ぎましょうや!
カビのはえた友人より

当時の小栗さんの気持ちや仕事の状況、周囲の様子が伝わり、同時にエールもいただいて気持ちが引き締まる思いがしたものです。私や周囲の人々への配慮からも、小栗さんの人を惹き付けてやまない〝人間磁石〟ぶりを感じます。

破れかけた五〇円切手を貼ったポストカードや料金後納の職場の封筒で送ってくれた手紙。きっと「あいつに送っておくか」と思って投函してくださったのでしょうか。どの文面も読み返す度に、この上ない喜びと感謝で胸がいっぱいになります。

デジタルの時代でもアナログ感覚を大切にしている人、それが小栗さんです。

小栗さんの落款セット

私が聞いたへぐり語④

今井博康（北翔大学教授、精神保健福祉士）

◆「意」「医」「食」「職」「住」「友」「遊」

この言葉を知ったのは、三〇年前のことでした。職能団体の雑誌に掲載された小栗さんの記事をふと目にしたのです。たしか新潟の犀潟《さいがた》病院から酒井昭平さんを講師に招いて行われた研修会の報告記事だったと思います。その中にこのキャッチコピーがありました。

「意」「医」「食」「職」「住」「友」「遊」

精神障害をもつ方々が地域生活を送る際、この七つが保障されているかどうかが大切であるということです。すなわち自分の「意」思で物事を決められること、良質な「医」療が提供されること、温かい「食」事が摂れること、「職」をもつこと、「住」む場所が確保されていること、心許せる「友」だちがいること、「遊」びや趣味をもてること。

この七つを音読するとリズム感が良く、小栗さんという人はきっと言葉遊びのうまい人なのだろうなと感じました。

当時私は精神科病院勤務で、退院後単身生活をしても再入院する患者さんが多いことが気にかかっており、この小栗さんが提唱する七つの言葉が地域生活を安定して送るための指標となると思いました。実際、退院者のアパートを訪問すると、大抵の保健師さんは「薬飲んでる?」

「寝てる?」「食べてる?」と矢継ぎ早に質問するだけですが、七つの言葉を得た自分は「どんなものを食べたか、誰と食べたか、それは好物なのか」「どんな趣味を楽しんでいるか、それはいつ頃から好きになったのか」「独りぼっちを感じていないか」とさまざまな聞き方をすることができるようになりました。

初めて小栗さんをお見かけしたときは、眼光鋭く、きびきびした先輩だなあと感じました。この七つの言葉がたいそう気に入っていることを伝えると、「そうか！　あれな。い・い・しょく・しょく・じゅう・ゆう・ゆう、な！」とハツラッと答えてくれました。

このリズム感のある言葉は、その後も自分の中に生き続けています。ただ年齢や時代とともに解釈は変わってきました。たとえば「職」とは、かならずしも経済的自立を目指すための職業という意味ではなく、他人や社会の役に立つこと、あてにされる役割をもつことも含まれるのではないかと考えるようになりました。

そして自分の身体に何となく衰えを感じ始めた数年前からは「なんだ、この七つは精神障害をもつ人びとの生活支援の標語ではなく、万人に共通する願いや権利じゃないか」と気づき始めたところです。

◆「〝うちの患者さん〟？　患者さんはおまえの所有物か」

「うちの病院」「うちの患者さん」――今でもさまざまな場所で何度も聞く言葉です。医療機関に勤務していたとき、医師、看護師、先輩ソーシャルワーカーの間で「うちの患者さん」という言い方が飛び交っていました。職能団体の研修会でも相当の数のソーシャルワーカーが同じフレーズを使っていた記憶があります。

二〇年以上前のことです。それを耳にした小栗さんが「患者さんはおまえの所有物か。患者さんはおまえさんの病院しか使えないのか！」と相手をにらみつけ、問いただした場面を鮮明に覚えています。

対人援助の仕事は、「個人の尊厳を守る」という基本原理を根底に置きます。その原理の上に「個別性」や「自己決定」という原則を掲げています。このことを片方で強調しつつ、もう片方では「うちの患者さんがねえ」などと平気で言うのは、やはりおかしいです。

人は病気や障害を自分で選ぶことができない。生きていく過程で、たまたまそれらと遭遇するのであって、その人が誰かの所有物となるわけではありません。病気の部分だけを切り取って、その人の人生を専門職が背負っているかのような傲慢《ごうまん》さを感じてしまいます。

もうひとつ。小栗さんは「うちの病院」という言い方にも警鐘を鳴らしています。解釈はいろいろあるでしょうが、私はソーシャルワーカーが医療機関の中にとどまって、その医療機関の方針だけに従って活動をすべきではないと考えています。病院の利益と患者さんの利益が相反することは、多くのソーシャルワーカーが知っているはずです。

この件に関してショッキングな体験をしたことがあります。日頃から倫理や価値を口にする同年代の札幌のソーシャルワーカー二名が、病床削減のために患者さんの転院について話しているところでした。「うちの病院は八ね」「わかった、じゃあうちはあと三〇か」。八名の患者さんの転院を受け入れ、あと三〇名の患者さんの転院を検討しなくてはならないという会話です。ぞっとしました。

社会資源の少なかった頃、帯広ではソーシャルワーカーたちが手弁当で住居や作業所を作り出していきました。しかしこれはむしろ例外的であり、多くの地域では医療機関や当事者の家族たちが住居や作業所を作り、運営していました。今では比較にならないくらい数多くの地域事業所が出来上がり、民間参入者も増えています。

利用できる場が増えること自体は喜ばしいけれども、一方で「うちの施設」「うちの利用者」といった言い方が広がらないことを肝に銘じたいものです。

◆「あのなあ、現実はそうはいかないこともあるさ」

ある年のゴールデンウィーク前の出来事でした。暖かく、雪解けの早い年でした。病院の事務長が相談室にやって来ました。

「今ね、近隣住民から電話があってね。近くの公園で男たちが数人酒盛りをして騒いでいるらしい。うちの患者じゃないかって言うから病院車で見に行ってくれないか」

私の第一声は「はあ〜?」でした。

「事務長、それっておかしくないですか。昼間から酒を飲んでいるから患者だっていうのは明らかに予断ですよ! 調べに行くのは、それに乗っかるってことじゃないですか!」

事務長は困った顔をして相談室から出ていきました。

自分がこれほど強く反応するのには理由がありました。というのも春先のぽかぽか陽気が続く季節になると、開放病棟に入院中の比較的お歳を召した患者さんたちは春の光を浴びながら、下校する小学生の様子をニコニコ見守ります。そうすると必ず一、二回は「一市民」と名乗る匿名の苦情の電話が入るのです。

「お宅の患者が子どもを見てニタニタ笑っている。何かあったらどうするんだ」

「隣の子が声をかけられたらしい。外に出ないようにしてくれないか」

対応する自分にすれば、腸《はらわた》が煮えくり返るような気持ちをおさえて説明します。

「ご心配のようですね。しかしそれには及びませんよ。外出が制限されている方は症状が重い方なんです」

そう答えると大抵、決まり文句は「何かあったらお宅が責任を取れるのか！」というもので一方的に電話を切られ、その後しばらくはずーんと沈んだ気持ちに襲われます。

今回も同じような感覚が甦《よみがえ》りました。もし酒盛りをしていたのが外来の患者さんだとしても、医療機関が出かけていって確認するのは人の暮らしを監視するようなものです。しかし話はここで終わりませんでした。

結局事務員がその公園に出向いて確認したところ、病院では見かけたことのない方々だったとのことでした。またその翌日、事務長とその事務員は菓子折りを持って苦情電話の相手を訪問してお詫びしたそうです。それを聞いた私はすぐに院長室にかけこみ、その対応はおかしいと伝えました。院長はすでに報告を受けていたようで、「いい方法とは言えないがねえ」と言うだけでした。

おさまりのつかない私は小栗さんに電話をかけ、一部始終をまくしたてましたが、驚いたことに小栗さんは笑いながらこう言いました。

「あのなあ、病院もご近所と仲良くしておかなくちゃならないんだろ。おまえさんの言ってることは正論だが、現実はそうはいかないこともあるさ」

そう言われた私は半分拍子抜け、もう半分は「自分の尻はまだ青いのか」と感じた次第です。

その後小栗さんとは何度も夕食を共にする機会があったのですが、いつだったか会話の中で急に「な、あの菓子折りの話、相当怒ってたもんな」と話をふられ、驚いたことがありました。小栗さんは他人から「覚えていますか？」と尋ねられると大抵「忘れた」とおっしゃいますが、ご本人の中には他人のエピソードがたくさん詰まっておられるようです。

◆「そんで、そんで？」のダジャレトーク

いつもの小栗さんはきりりとした顔つきで、対話するときの七割は眼光鋭く、それが一生懸命話を聞いてくれていると相手に印象づけます。そんなときは多くを語りませんが、時々妙なことに反応されます。

あれはＰＳＷの国家資格ができる直前の会話だったか、口火を切ったのは私でした。

「国家資格ができますよ。これで国民の期待に沿えない専門職になったら失格（四画）ですが、きちんと意識すれば国民の社会福祉に、より参画（三画）できますね」

これを聞いた小栗さん、急に眉を下げ、へらへら笑顔になりました。

「ほかの専門職と互角（五画）に戦えるってかぁ、そんで、そんで？」

いたずらっぽい目でさらにダジャレを催促され、私もなんとか返します。

「でも国家資格化が目に見えているときに、こんな話が他職種に発覚（八画）したら困りますね。嗅覚（九画）鋭い専門職ばかりですから」

北海道をはじめ、各地で真剣に資格論議が巻き起こっていたときのことでした。その合間の

一服の茶飲み話ですので、どうぞ叱らないでください。さて、この後どういう会話が続いたか、六画と七画がどうなったかは忘れてしまいました。この話はこれでおしまい。

◆「ケース?」

小栗さんは「ケース」という呼び方も使いません。医療系の専門職はよく、「ケースは一〇代の女性」という言い方をしていましたし、症例検討会でも当たり前のように使われていた言葉です。

私も就職当初から「なんでケースって呼ぶんだろう?」という違和感がぬぐい切れず、「ご本人」と呼び続けてもう三〇年になりますが、いつの間にか周囲にも「ご本人」という呼び方が定着したようです。

一方で若いワーカーが「利用者さん」と呼び、病院では「患者さま」と呼ぶのを聞くと、これもまた強い抵抗感を覚えます。「かかわり」の経過でもまさか「今井さま」とか「患者さま」などと呼んではいないでしょうな。

◆「誰と来たのよ」「どこ泊まんのよ」

毎年帯広に行くと決めていた時期があり、帯広に行ったら必ず小栗さんに会うか、電話をするという取り決めを勝手に自分で作っていました。帯広に宿泊する際には必ず、「おう、誰と来たのよ」「どこ泊まんのよ?」というのが小栗さんの決まり文句でしたね。

「誰と来たって……ひとりですけど?」。もしや小栗さんは今井が不倫旅行で帯広に来たのかと思っているのかと勘ぐったりもしましたが、夕食を共にしたあと、必ずそのホテルの前まで送ってくださることを知り、ひどく感激したものです。

きっと他の人にもそうしておられたのでしょう。来訪者を大切にする、誰も飽きさせないという一流の配慮だったんだと思います。

◆「営業ってな、大事なんだぞ」

まだ「北海道PSW協会」と呼ばれていた時代の話。支部長の小栗さんから当時事務局次長だった私に電話がかかってきました。

「近々、札幌へ営業に行くがあんたも行くか?」

よく分からないまま「わかりました」と返事をし、当日を迎えました。

小栗さんは存外におしゃれです。当日はグレーのスーツに身を包み、表情もきりりとしていました。一方、私はいつものポロシャツ姿で後ろをついて歩き、北海道庁や北海道社会福祉協議会などの関係機関を数カ所まわりました。

担当者が来るのを待つ間、「おい、名刺だけは用意しておけ」と小栗さんの低い声。ほどなく担当者がやってくると、さすがに「ございます」とは言わなかったけれど、小栗さん一流のへらへら顔で名刺交換を行い、自分も見よう見まねであとに続きました。小栗さんは終止笑顔で担当者と話をしていましたが、あまり大した話ではなかったと思います。ひととおり挨拶まわりを終えて喫茶店で一息ついたとき、「営業ってな、大事なんだぞ」と言われたことを覚えています。

それから数カ月後、北海道精神保健福祉審議会の山下格会長（元北海道大学教授、故人）が「北海道内で精神保健推進員事業を実施する必要がある」と北海道に対して答申しました。そこから一気に北海道内各所で精神保健ボランティア講座の計画が動きだし、小栗さんに同行した私のところにも関係機関から何度も電話が入ってくるようになりました。

先見性なのか、嗅覚なのか。小栗さんの営業活動の絶妙なタイミングには感服するばかりでした。ただし、自分は小栗さんのように「きりり」と「へらへら」を使い分けることはその後もできませんでしたが。

◆「母さんに言うなよ」

これは帯広の「月曜会」のメンバーから聞いた話。

当時ランドクルーザーに乗っていた小栗さん。ディーゼル車なのにセルフ給油で間違ってガソリンを入れてしまいました。いつもはガソリンスタンドで入れてもらっているところを、ご本人曰く「いつも患者さんに〝自立しなきゃ〟と言っているんだ。たまには自分で入れなきゃな」

だったそうです。

走っている途中で後ろを見たら、真っ黒な灰が出てる。坂道を上がりきった時点で止まってしまい、同志たちに電話を入れて迎えに来てもらう事態になりました。なんとか車を脇に移動させ、大事には至らなかったそうですが、助けが到着すると小栗さんは同乗していた娘さんに一万円を渡して「母さんには言うなよ」と言ったそうです。

「ああ、小栗さんも家庭を持つ生活者だな、世の旦那さんと同様、恐妻家なんだな」と安心感を覚えたエピソードです。

私が聞いたへぐり語⑤　黒木満寿美（倶知安厚生病院 精神保健福祉士）

◆「おまえが頼りなく見えるからみんなが助けてくれるんだな」

元々自分に自信がなくて、自信なさそうに仕事していた時に小栗さんが、「おまえが頼りなく見えるからみんなが助けてくれるんだな」と言ってくれました。そのときにはじめて「ああ、今のままでいいんだ」と思えました。小栗さんの言葉は時々乱暴ですが、たとえ言葉が乱暴でも温かみがあるんです。温かいんですよ。

支部長時代も研修に行くと必ず小栗さんがいて、必ず声をかけてくれる。そういう温かさに支えられて今日まで頑張ってこれたと思います。

◆「二足のわらじ」

病院に所属していても、あえて医療と福祉・地域の境界をまたぎ、そこを行き来することがワーカーのアイデンティティであり、必要とされていることであると教わりました。それをできるのがワーカーである。二足にとどまらず何足ものわらじをはくものだ、とも。

就職した当時は地域の資源もなく、特に住居資源が皆無でした。アパート探しや家財道具のリサイクルから始まり、有志でグループホームの立ち上げに取り組んでいた頃、病院長から「お前はどこから給料をもらっていると思っているんだ！ 病院にいない時間が多すぎる」と何度も言われました。

その時に自身のソーシャルワーカー像を保つためのお守りになった言葉が「二足のわらじ」です。自分は間違っていないんだと支えてもらった言葉でした。

◆「PSWは気合いだ！」

実践には裏づけになる理論が必要であること、それを説明できることも必要なのは理解している。が、四の五の言う前に、「これが必要なんだ！」と感じたならばその裏づけは後にしてでも、まずは行動せよ！　必要だと思うものがなければ気合で作ってしまえ！　というメッセージだと解釈していました。

　足りないものは作ればいいのだという発想が自分に根付いたのは、この言葉のおかげだと思います。地域で初めてのグループホームを立ち上げたときは、これでもか！　というくらい次々と問題が起こりましたが、振り返ると気合いで乗り切っていた面が大きかった気がしています。また思いつきやひらめきを形にしていくことができたのも、その根本には「ＰＳＷは気合いだ！」があったのだと思います。

私が聞いたへぐり語⑥　粟野明子（社会福祉法人 伊達コスモス21　サポートじゃんぷ所長）

◆「看護師とうまくやりなさい」

　私は、大学を卒業した一九九一年（平成三年）四月に精神科病院に就職しました。当時はまだ国家資格もなく、医療機関の多い旭川市内でも病院にソーシャルワーカーがほとんどいない時代でした。

病院初のPSWとして採用されたものの、PSWがどんな仕事をするのか病院はわからず、私もまた、大学では部活とその遠征費を稼ぐためにアルバイトざんまいという親不孝者であったため、お互いに「PSWって何するの?」という状態でした。

そこで病院から「帯広が精神の分野では進んでいるらしい。大江病院はうちと同じ札幌医大系列だから、GWが終わったら大江病院に実習に行っておいで」と言われ、私はGW明けから六週間、病院からお給料をいただきながら大江病院でお世話になりました。

帯広では毎日のように外勤に連れて行ってもらいました。今日は新得保健所、明日は広尾保健所、その次の日は本別保健所……どこも帯広市内から数十キロ離れたところにありました。そしてグループホーム(当時は共同住居)のミーティング。佐々木さんに連れられて病院の外に出かけると、大抵そこには小栗さんがいて、草田さんがいました。病院の垣根を超えてPSWや時には医師が一緒に行動していました。

そうした時間のなかで、私は小栗さんから「〝うちの患者さん〟って言うんじゃないぞ。患者さんは我々の所有物じゃないんだから」ということを教わりました。当時白衣を着ることがちょっとだけ嬉しかった私ですが、白衣が持つ権威性について教えてもらったのも、閉鎖病棟に出入りするときに使う鍵の意味を考えるきっかけをくれたのも、保健所に移動する車の中でした。

「初めてのワーカーだからなあ。看護師（当時は看護婦）とうまくやらないとだめだぞ。仕事にならないから。あなたは看護師と同じ女性だからそういうところは我々と違う。苦労するかもしれないけど、看護師とうまくやりなさい」

小栗さんからも草田さんからも、佐々木さんからもそう言われました。

また、帯広では毎月一度「月曜会」という勉強会が夜に開かれていて、帯広や音更のＰＳＷが集まっていました。私は実習中二度参加させてもらい、集まって時間を過ごす中で皆さんが価値観を共有していることがよくわかりました。

六週間の実習を終える頃には「住んでいる場所によって受けられる支援が違うのはおかしい。旭川に住んでいても、帯広で受けているような支援を受けられるようにがんばりたい！」という目標もでき、気持ちを新たに旭川に戻ることができました。

◆「やっとここまできたんだな」

それから数年が経ち、気がつけば勤め先の病院は赤字経営が続き、年々お給料が減っていきました。共同住居ができて七名が退院。それは本当に嬉しいことでしたが、その後のベッドが埋まりません。「共同住居なんて作るからだ」と職員から面と向かって言われたこともありました。看護師の給料が三万円減、さらに手当も減となり、辞めていく看護師も増えました。自分自身の給料も減り、不安がふくらむばかりでした。

そんなとき、副院長から「もう一軒、共同住居を作りたい」と言われました。本来であれば喜ぶ話なのですが、私は「何を言っているんだろう。ベッドがまた空いてしまう。また赤字になってしまうのに」ということしか頭にありませんでした。でも進めなければなりません。

最初に共同住居を作ってから数年が立っており、〝制度も変わっているかもしれない。また帯広に行って教えてもらってこよう〟と、ＪＲを乗り継いで帯広へ行きました。日中佐々木さんからいろいろと教えてもらい、夕方小栗さんが食事に連れて行ってくれたと思います。

「昨日、帯広の平均在院日数がやっと二〇〇日を切ったという話をしてたんだ。やっとここまできたんだなって」

という話を小栗さんから聞かされました。小栗さんとしては何の気なしにした話だったと思います。私もその場は「そうなんですか、すごいですね」くらいの返事をしたと思います。

でも帰りのＪＲの中でその言葉が次第に大きくなり、頭の中をぐるぐるとまわりました。

「私は何をしているんだろう。こんなＰＳＷになろうと思って帯広から旭川に帰ったんじゃないのに……」

自分が情けなくて、患者さんに申し訳なくて、恥ずかしい話ですがＪＲの中でポロポロと泣いて帰ったことを覚えています。「このままじゃいけない」。そう思いながら、でも仕事に戻ればそこから抜け出せない自分がいました。情けない自分に向き合い続けることは辛いことでしたが、たまたま大学院に行ける環境ができたこともあり、私は病院を退職し、情けない自分から逃避することを選びました。

◆帯広で育んだ「ＰＳＷマインドとは？」

その後専門学校で教員をし、夢だった帯広で十勝圏域障害者総合相談支援センターの仕事に携わらせていただきました。現在は知的障がいがある人たちの支援をしています。

私の支援者としての価値観は、帯広で育まれたといっても過言ではないと思います。なにもわからなかった私に「いろは」の「い」を教えてくれ、支援者としての枠組みや目指す方向性も見せてくれました。その後も帯広の活動を見聞きするたびに「ＰＳＷマインドとは？」を自問し、帯広は私にとって自分がぶれていないかを確認する場所であり続けました。その中心にいたのは、間違いなく小栗さんです。

直接交わす言葉から勝手にこちらが解釈することもあれば、間接的に聞こえてくる小栗さんの活動から考えさせられることもありました。こうした経験は、小栗さんと関わりのあるＰＳＷなら誰もが身に覚えがあることで、でも肝心の小栗さんは特に意図していなかったことなんだろうと思います。よく「そんなこと言ったか？」と言われますが、でもその言葉の裏には本当に忘れていることと、覚えているけど照れ隠しで忘れたふりをしていることがあります。

小栗さんと直接関われた世代にＰＳＷでいられて、本当によかったです。

◆「ボランティア講座、やるぞ」

精神保健ボランティア講座を全道に広めたのは、当時日本PSW協会北海道支部長だった小栗さんの功績です。今でこそさまざまな研究の中で、(精神)障害者との接触体験が偏見の軽減に有効にはたらくということが明らかになっていますが、あの当時はそうした具体的な根拠もまだありませんでした。

ボランティア講座を北海道精神保健協会(当時)と一体となって推し進めた結果が、いまの社会資源につながっている地域も多いと思います。私もボランティア講座を企画・運営するなかでたくさんの市民と出会い、私自身のソーシャルワーカーとしての価値観が形成されていきました。

小栗さんたちが立ち上げた帯広の「月曜会」をもとに、旭川市内でも「ふくろうの会」というPSWの集まりを立ち上げました。圭泉会病院の乳井雅子さんや旭川市立病院の長田和敏さんに参加していただき、毎月水曜日の夜にみんなで集まり、社会資源マップを作ったりしてきました。

ちょうどその頃、全道各地で精神保健ボランティア講座が行われるようになり、旭川は旭川精神衛生協会の塚本隆三先生(故人)が中心になってすでに行われていたと思います。「ふくろうの会」事務局をしていた保健所の人たちから私たちの存在を知った塚本先生に「ふくろうの会でもボランティア講座をやらないか」と誘われ、私たちも講座を開くことになりました。「患者さんたちのことを地域住民に知ってもらいたい」という問題意識を持っていた私にとっては本当にありがたい申し出で、小栗さんや先輩たちのバックアップにもずいぶん助けられたと思います。

ボランティア講座が終わった後も「実際に活動してみたい」という人たちに声をかけ、ボランティアグループができました。その人たちと一緒に始めたのが、週末だけ街中で開店する「喫茶ひだまり」でした。患者さんがたには週末行く場所がなく、イトーヨーカドーの休憩所でたむろっているという話がきっかけでした。場所は、長田さんがサウナで偶然一緒になったという写真館のオーナーが無料で貸してくれました。

そのうち、「自宅でも居場所づくりをやりたい」という流れができ、「ねこやなぎ」というひだまり二号店のようなものができました。

ボランティアさんたちと関わる中で気づかされたことがあります。それは、ボランティアさんたちに見せる患者さんたちの顔が私たちに見せる顔とは違う、ということでした。私はそれまで、患者さんのことはすべて知っていなければならない、と思っていました。そして、知っているとも思っていました。

でも考えてみれば、私たちが知っている患者さんは、病院にいるときのほんの数時間の姿です。そのほんの数時間ですべてを知っていなければならないとは、何とおこがましい、不遜な考えだったかと思います。でもボランティアさんたちに出会うまでは、本当にそう思っていたのです。

ボランティアさんたちと関わるなかで私が理解したのは、専門性の限界でした。それは決してネガティブなことではなく、その限界を知ることが専門職としての弁《わきま》えだと思うようになりました。

地域で暮らす患者さんの生活をパッチワークに例えると、これまで私が考えていたものだと、大きな布が数枚べたべたと貼られたものですが、でも地域の中でいろんな人がいろんな濃度で患者さんに関わることにより、その布はいろんな大きさ、いろんな色、いろんな素材の布のパッチワークになる。専門職の布は小さければ小さいほうがいい。専門職は黒子に過ぎない。患者として生きるのではない、人として生きるとはそういうことだ、と考えるようになりました。この考えは今も変わっていません。

◆「何を考えてそんなこと言ってるんだ」

「おまえさんさ、会議で彼とお母さんのこと、〝母子分離《ぼしぶんり》ができてない〟って言ってただろう？　何を考えてそんなこと言ってるんだ、と思ったぞ」

これは今でもしばしば思い出す言葉です。帯広で医療観察法の対象となっている方の支援を担当していたときのことでした。子を思う親の気持ちを、心配を自分はどれだけ理解できていただろうか、推し量ることができていただろうか。時を重ねるとともにじわじわと私の中に戒めとして染み込んでいます。

◆「最近の相談員は話が通じない」

「最近の相談員（支援専門員）はソーシャルワーカーとして話が通じないいんだ」

昨年、小栗さんや三上さんから勉強会をやるから講師に呼んでいただいたのですが、電話でやり取りするたびに毎回のように言っていました。

今の私はソーシャルワークなんてことを全く意識しないで仕事をしています。でも判断の基準にあるのは、これまで多くの仲間や利用者との間で積み重ねてきたソーシャルワーカーとしての価値基準だということに気づかされました。小栗さんが現場で働く職員の意識の変化を憂うこと、それはとりもなおさず利用者一人ひとりの人生に影響することがわかっているからこそだと思います。

私が聞いたへぐり語⑦

三品 斉（岩見沢市立総合病院 精神保健福祉士）

◆流行り言葉にご用心――その一、「寄り添う」

「へぐり語録」執筆にあたり、かつて帯広で開催した日本精神障害者リハビリテーション学会のレセプションで小栗さんが寸劇で演じた黒板五郎の姿を思い出してしまいました。片手にジョージアの缶コーヒーを持っておられた記憶があります。

ありきたりな言い方でクサイのですが、自分の思い通りにならないことが人生には数多くあります。悔しい、悲しい、残念な経験を多々しました。しかし人との出会いに恵まれたことで、生きていて楽しいなと思える瞬間もあり、つながり続けることでこれからもそうありたいと願っています。小栗さんと出会って数十年。黒板五郎の姿を思い出しながら、その出会いが自分や他者にどう影響し醸成されてきたのかをじっくり考えてみました。

いつだったでしょうか、小栗さんは「〝寄り添う〟とは当事者の人生に対し責任を持つ重い言葉だ。その覚悟無しに安易には使えない」と述べていたことがあります。

それから時が流れ、私はある大きな悩みを抱え、一人帯広へ小栗さんを訪ねることにしました。十勝晴れの穏やかな秋の一日、小栗さんはランチをはさみつつ自家用車で秋祭りを催している通所施設やご自分の職場などを案内してくれました。

その間、小栗さんから悩み事について助言らしい言葉はほとんどなかったと記憶しています。ただじっと私の言葉に耳を傾け、世間話を交えながら時折日々の実践を語られていました。

夕方に帯広駅で別れ、帰路の列車の中で一日をふりかえりながら私は「ああ、寄り添ってもらえた」と実感しました。心の底から信頼できる人と過ごすことで、自分自身で悩みを整理するエネルギーを充填できたのでしょう。そのときにはじめて「寄り添う」とは当事者からのみ語ることのできる言葉なのかもしれないという考えを、素直に受け入れることができました。

ソーシャルワーカーは当事者との相互の力を信じ、本人の生きる悩みや苦しみ、喜びを感じようと真摯に努めることから関係が始まります。その関わりの原点を思い起こさせてくれた経験としてこの寄り添ってもらえた時間が、私の心の奥深くに刻まれています。

◆流行り言葉にご用心――その二、「障がい者」

近年、行政をはじめとして「障がい者」と表記するものが多くなりました。漠然とではありますが、何かしっくりこないものを感じていました。

二〇一二年一〇月、私の地元である道央圏・空知のPSW勉強会で小栗さんの講話を聴く機会がありました。小栗さんは「斜め読みPSW論」と題し、「障害は個性」「ケース」「うちの患者」といった(ようは小栗さんが大嫌いな)キーワードをもとに語ってくださいました。その中に「障がい者」が含まれていたのです。

「〝害〟を平仮名表記することで、差別や偏見に配慮したつもりになってはいないか。耳で聴いた時にどう頭の中で認識されるのか深く考えたことはあるのか。そもそも〝障〟だって差しさわりがあるという意味があるじゃないか。では〝しょうがいしゃ〟と全て平仮名にすればいいのか。もはや意味不明だと思わないか」

小栗さんのこの言葉で私は、「障がい者」表記がしっくり来なかった真意を理解し、ＰＳＷは「Y問題」に代表される予断、内なる障害者観と向き合い続けることを忘れてはいけないことを再確認させていただいたのです。それ以来、小栗さんには無断で、市民や関係者の集まりで機会があればへぐり論・障がい者表記の疑義を紹介しています。

国権最高機関における総理大臣答弁で「幅広く募ることと、募集は違います」がまかり通る世の中、私たちは無意識にまやかしの空気に慣らされ、流されてしまっているのかもしれません。あらためて言葉の持つ意味から背景、思想と向き合い、何を変え、何を変えないのか熟慮し行動することが求められています。

◆「なぁ、やってみないか」——その一、新米理事への誘い

岩見沢の病院に入職した翌年の三月だったと記憶しています。当時の日本精神医学ソーシャル・ワーカー協会北海道支部（現・北海道精神保健福祉士協会）小栗事務局長から、次年度の北海道支部理事就任要請の電話がありました。まだ新人で勤務先の仕事もままならない自分は固辞しましたが、「南空知地域であなたが最初のＰＳＷです。北海道支部にぜひ力を貸してほしい。一緒にやりましょう」という熱い誘いを受け、内諾しました。

このやりとりをした前月、私は一カ月間帯広に滞在し、勤務先の精神科デイケアの開設準備のため、北海道立音更リハビリテーションセンターで研修を受けていました。その合間に小栗さんたちの「月曜会」に参加しており、そこで小栗さんは「こいつなら理事が務まるかもしれない」と直感されたのかもしれません。

それ以降、北海道や協会本部の活動を通して実に多くの方との出会いに恵まれ、今日の自分の礎を築くことができました。真摯に相手を知り、また知ろうとする姿勢、そっと背中を押すタイミングなど、ＰＳＷが持つべきセンスの一端を小栗さんから教わった気がします。

◆「なぁ、やってみないか」——その二、講座を岩見沢で

「精神保健ボランティア講座を岩見沢でやってみないか。面白いぞ」

一九九四年一〇月、ＰＳＷ協会北海道支部研修会の休憩時間に小栗さんから話しかけられました。私が「ぜひ、やります」と即答すると、小栗さんは「えっ、本当に？」と驚かれたことを覚えています。

私はもちろん本気でした。その頃岩見沢では空知管内のＰＳＷ、ＭＳＷ（メディカルソーシャルワーカー）を中心に研究会が立ち上がり、領域にこだわらず何か地域活動を始めたいという情熱に満ち、機動力もありました。

翌一九九五年、空知の仲間と講座の開催準備を始めていたところにうれしい知らせが入りました。北海道として精神保健推進員（精神保健ボランティア）の養成が決まり、タイミング良く岩見沢が道の事業委託を受け、北海道精神保健協会と日本ＰＳＷ協会北海道支部が主催する初回の開催地となりました。

余談ですが、この道の事業化が実現した背景には、当時日本ＰＳＷ協会北海道支部長であった小栗さんが〝営業〟と称し関係機関や道内各地を精力的に駆け巡り、精神保健福祉の拡充を地道に図っていたことを後で知りました。

話を戻しますと、小栗さんは講座主催団体の長として運営委員会や開講式で二度、帯広から出席してくれました。私をはじめ、運営への不安がいっぱいだったＰＳＷ、ＭＳＷたちは大変勇気づけられました。小栗さんは決して丸投げはしません。さりげなく私たちに伴走をしてくれます。そして専門職の驕《おご》りを戒め、当事者、市民から常に学ぶ姿勢を示されました。この経験がその後岩見沢で開かれた講座や、講座修了者を中心に設立された精神保健ボランティアサークル「友（ＹＯＵ）」への私の関与スタイルに大きな影響を与えています。

二〇二〇年、講座は二五回目、サークル「友（ＹＯＵ）」は設立二四年目を迎えました。日常業務では出会えない受講者やボランティアをはじめ、当事者や家族との交流、協働があり、毎年新たな気づきや学びを与えてくれます。四半世紀の間、ＰＳＷとして「やってみて得したな」と思う出来事です。

◆「なぁ、やってみないか」――その三、ハンドブック編集

一九八九年から一〇年間、日本ＰＳＷ協会北海道支部長を務めた小栗さんから支部長退任間近の理事会で突然、「ＰＳＷハンドブックの編集は三品さんを中心にやってくれないか」と指名を受けました。支部事業としてハンドブックの作成に取り組みだしてから、すでに五年の月日が経っていました。

そもそもは、小栗さんが「〃べき論〃だけでは後任は育たない。例えば〃自己決定の尊重〃ひとつ取ってもＰＳＷによってとらえ方が異なっているのではないか。共通認識の元で語り合える言葉の意味を記した本を出そう」と発案された話です。しかし作業は遅々として進みません。ＰＳＷ国家資格化への対応や研修事業に多忙な理事たちは、先達ＰＳＷの職人技のような実践術を整理し文書化するという困難を前に、ついつい後回しになっていたのです。

その後、指名を受けた私を含め新理事たちも気合いを入れ直し、多くの会員の協力を得て、発案から九年後の二〇〇二年、『ＰＳＷのためのハンドブック〜歩みはじめたあなたへ〜』を発行することができました。

私個人的にはこの「へぐり語録」の編集に携わっていくなかで、先のハンドブックの続編に取り組んでいるのだと考えるようになりました。小栗さんはソーシャルワークの現場にこだわり、いつも「さて、あなたならどうする？」と投げかけてくれます。私たち編集委員会も「へぐり語録」を通し、さまざまな議論を交わしました。本書を手にされた皆さんもぜひ、身近な仲間と話し合い、言語化したものを次の世代に渡していってほしいと願っています。

ところで先日、小栗さんにあのときなぜ、ハンドブックの編集役に私を指名したのか聞いてみたところ、「直感だ」と一言。これまで小栗さんには数々の思いつきで振り回され苦労もしてきましたが、どれも夢や希望のある発想ばかりで、全くの徒労だけに終わったという記憶はありません。不思議なご縁です。

◆「当時の患者さんや家族の思いを想像すると……」

一九九〇年代前半、ある精神科病院での話です。病院長は、この病院が入院患者さんが生涯安心して楽しく療養できるように工夫を凝らしていることを誇らしそうに話していました。それを聞いた小栗さんは思うところがあったと思いますがその場では何も言わず、あとから聞いた発言がこちらです。

「パターナリズムを批判することは簡単だ。しかしその町に精神科病院がなかった頃は、SLの鈍行列車で百数十キロメートル先の病院まで、家族が移送するしかなかった。時には病状の影響で暴れる患者さんを戸板に縛りつけたまま何時間も列車に乗せていたのかもしれない。地域で患者さんや家族はどんなに肩身の狭い思いをしたのか。そうした思いを患者さんや家族に二度とさせたくないために、地元で一生面倒を看て守る病院を志向したのだろう。肯定できることではないが、動機がわからないわけではないな」

二一世紀に入り、私は日本精神保健福祉士協会専門研修会で「精神障害者の長期入院の要因」について講義することになり、その時、あの精神科病院と小栗さんの発言を思い出し、講義の要旨を次のようなものにしました。

「近代日本の精神障害者施策と精神科病院が担ってきた歴史は重く、自身も強制入院をはじめ、さまざまな人権侵害に関与した苦い場面を経験してきた。本講義は国や病院を批判するだけではなく当事者が望む精神科病院となるにはどうすれば良いのか道筋を示し、行動することはできないかという点に主眼をおく。真に地域に必要とされる病院に変われるよう、我々PSWも何か応援できることはないかを問いたい」

結果は私の力不足もあり、精神科病院の擁護論として受け止めた方が多かったようでした。

後日小栗さんにこのことを話すと「それは難しいテーマに挑戦したねえ」と労《ねぎら》いの言葉をかけてくれました。それ以上のコメントはありません。「自分で考え、さらに精進しなさい」ということなのでしょう。もう少し〝おとなになったらわかる〟ことなのかなあ。私も還暦が近いのだけれど。

◆「ネコの心配も生活のうち」

小栗さんが病院勤務時代、入院された患者さんの代わりに飼い猫の世話を保健師と交代で行った「ネコの心配も生活のうち」というエピソードを語っています。

私も思い出したことがあります。ある時、一人暮らしの高齢の方が入院されました。認知症の進行で金銭管理もままならなくなり、複数の関係機関と支援会議を行った結果、これ以上単身での生活は困難で介護施設利用が妥当と判断されました。

しかし本人は「猫の世話があるから自宅へ帰る」と言われます。自宅で野良猫を何十匹も飼っており、近所からは猫屋敷と呼ばれていたようでした。本人が心配されるのももっともで、まずは猫の様子をみることにしました。

訪問に際しキャットフードとミネラルウォーターの他、衛生対策として感染防護用着衣一式を用意し、地域の機関職員二名と当院看護師、そしてＰＳＷである私の四名で猫への訪問看護を実施しました。本人が入院し、状況は把握したので自宅まで行く必要性はないと主張した機関からは誰も同行しませんでした。

実際に行ってみると本人宅に同居していた猫がおよそ二〇匹、自宅隣の猫専用家屋にもおよそ二〇匹が住んでいることがわかりました。鼻が曲がりそうな臭いの中、恐る恐るキャットフードと水を与えてきました。

その後、猫の保護は便利屋を、保護した猫は飼い主探しのシステムを利用できることがわかり、本人に提案しました。本人も内心は四〇匹近くの猫を飼うことに疲れていたのでしょうか、直ぐに同意されました。猫への訪問看護を通じて多少なりとも本人の暮らしぶりを共有できたことが、合意にもつながったのだと思います。

またＰＳＷ単独では訪問に躊躇《ちゅうちょ》したかもしれませんが（猫は苦手）、チームだったから速やかに決断し、行動できたことも大きかったと思います。一緒に訪問した機関の職員も「病院職員と同行できて良かった」と言ってくれました。

後日、同行しなかった機関の職員がその後の支援会議で何か意見を述べていましたが、かつての人気映画の決めセリフのように「事件は会議室で起きているのではない。現場で起きているんだっ！」と言いたい気分だったことを告白します。

小栗さんは「ＰＳＷとは、精神保健福祉士の法制度に規定された業務の外にある隙間にこそ大事な関わりがあるのだ」と述べています。私も同感です。さらには普段から院内外で幅広い関係を構築することで、いざ困った時に力を合わせ助け合うことができるのだと実感しています。

◆「社会資源は地域の共有財産」

一九九三年、障害者基本法に精神障害者が福祉の対象であると位置づけられて以降、法施策の整備が進み、各地に精神障害者が支援を受けながら生活する住居としてグループホームやケアホームが開設されました。それ以前はいわゆる無認可の共同住居が存在していました。運営主体はさまざまで、民間の精神科病院が病院の敷地内に新築あるいは職員住宅を改築し開設していたところも多くありました。

私が岩見沢の病院に勤務し始めた一九八〇年代後半、当地域には生活を支援する住居が全くありませんでした。ちょうどその頃、病院に併設していた看護宿舎が新たに移築され、旧宿舎が空いておりました。私はそこを利用した共同住居開設構想を小栗さんに話してみました。

「それはどうかなぁ」

いつもは穏やかなまなざしで私に接する小栗さんが、眼光険しく一言発しました。

当時、小栗さんは新任ＰＳＷを対象にした研修会で「社会資源は地域の共有財産である。もし施設利用がそれを開設した病院の患者に限定されるのなら、新たな患者の囲い込みになるだろう。地域のすべての人に開放した社会資源を創りなさい」と話されています。

私は先ほどの小栗さんの厳しいまなざしでそのことを思い出し、安易に共同住居構想を抱いたことをおおいに反省したものでした。それからかなりの年月を要しましたが、地元でＮＰＯ

法人設立に参画させていただき、理事として地域に開かれたグループホームや生活支援センターの立ち上げに関わることができました。失敗した経験もいろいろありますが、「社会資源は地域の共有財産」は今も私の地域活動の指針です。

ところで、休日に勤務先の建物を見たくないと思う時がありませんか。私は極力勤務する病院を避けて車を運転します。仕事と余暇を明確に区別したい心理がはたらいているのかもしれません。同じように思う方がどのくらいいらっしゃるかわかりませんが、先に述べた旧看護宿舎に共同住居を開設しなくて本当に良かったと思っています。せっかく退院した患者さんが自室の窓を開けると病院が目に入る……もし私がその人の立場なら常に患者役割を意識させられるようで、「もう勘弁して！」と叫ぶと思います。

住居は住宅街の中にひっそりとあるのが良いです。

◆「世間の常識に従え！」

「グループホームでは毎日のようにさまざまな問題が起きる。そんなとき俺は〝世間の常識に従え！〟と職員や入居者に一喝するんだ」

小栗さんにPSWの実践についてインタビューをさせていただいた際の発言です。「ん？」と疑問がわきました。常識と言われることに真っ先に疑いを持つのが小栗さんではなかったかなと。しかしすぐには質問せず聴き続けます。

話題が精神保健ボランティア論に移ったところで先の疑問の答えを見つけました。

「例えば当事者から〝千円貸してほしい〟と言われたらどうする？　専門職はクライエントとの関係性、金銭貸借の妥当性とかをあれこれ考え、躊躇《ちゅうちょ》するよな。しかし精神保健ボランティアが同じように当事者から頼まれた場合は、知人あるいは友人として、貸せる相手かどうかをシンプルに判断するだけだ。専門家にできないことはたくさんあると思わないか？」

医療や福祉の常識が領域外では通用しないことを、私たちは経験しています。そうだ、世の中に常識は一つでなく無数にあり、日々上書きされているのだとあらためて気づかされました。「多様性」という言葉ではなく、「世間の常識」。小栗さんの思いが入った言葉ですね。「へぐり語」は奥深い。

へぐり語らしからぬあとがき

本書は私がこれまで書き記した文章をもとに、ＰＳＷ同志である今井博康氏たちにより企画されました。新たに書き下ろした文章も多く、精神保健福祉分野の入門者はもちろん、専門外の方にもできるだけわかりやすい内容になるよう努めたつもりです。文中多くのエピソードを載せました。どれも中身は深刻ですが、「なぜそういうことが起きたのか」それぞれの背景に思いを寄せていただければ幸いです。

書きながらどうしても筆に力が入るところもあり、私の仕事の原風景となっている「私宅監置事例」と一九八二年の「札幌宣言」、この二つが皆さんにうまく伝えられたのだろうかと今も不安が残ります。特に「札幌宣言」は業界全体の根幹を成す大きなテーマであり、異論・反論を期待しつつ未来につながる議論が生まれることを願いながら書き進めました。

本書の出版を引き受けていただいた寿郎社の土肥寿郎氏とは思わぬご縁でつながっていることが後に判明し驚きました。土肥さんの出版人としての「師匠」であった晩聲社の故・和多田進氏は帯広の中学の同級生だったのです。その土肥さんを通じて本書の整理に力を貸してくださったライターの佐藤優子さんとのご縁にも感謝をいたします。

そして本書の編集委員諸氏へ。北海道の片田舎のしがないＰＳＷにすぎない私の話した拙いことばと落書きのような文章をまとめて本にしようと思い立ったその勇気に心から敬意を表します。この先、みなさんに「おとなになったらわかる!」とは言いづらいなあ……と思うと少し悔しいのですが、私はなんと果報者であることかということも終生心に刻みます。

本書を上梓するにあたり携わっていただいた全ての皆様に御礼申し上げます。

二〇二一年四月

小栗静雄

年譜

時代区分	精神保健福祉に関わる年譜	小栗静雄の年譜
明治	**一八七五年**（明治８） 京都に日本初の公立精神病院「京都癲《てん》狂《きょう》院《いん》」が設置される。 一九〇〇年（明治33） 精神病者監護法が制定される。	
大正	**一九一八年**（大正７） 東京帝国大学教授や東京府立巣鴨病院（現・東京都立松沢病院）の初代院長を務め「日本精神医学の草分け」といわれた呉《くれ》秀《しゅう》三《ぞう》が『精神病者私宅監置ノ実況及ビ其統計的観察』を発表する（「呉秀三報告」）。 **一九一九年**（大正８） 精神病院法が制定される。 **一九二〇年代** アメリカ各州の精神病院にソーシャルサービス部が置かれるようになる。	
	一九四七年（昭和22） 日本国憲法の制定。 **一九四八年**（昭和23） 千葉県市川市の国立国府台《こうのだい》病院に日本のＰＳＷの始まりといわれる「社会事業婦」が配置される。 **一九五〇年**（昭和25） 精神衛生法が制定される（精神病者監護法と精神病院法が廃止となり「私宅監置（自宅監禁）」は犯罪となる）。 **一九五二年**（昭和27） 千葉県市川市に国立精神衛生研究所が開設され、７名のＰＳＷが配置される。 **一九五三年**（昭和28） 北海道帯広市に北海道立緑ヶ丘病院が開設される。	**一九四五年**（昭和20） ５月　北海道帯広市に８人きょうだいの末子として生まれる。【０歳】

一九六三年（昭和38）　アメリカでジョン・F・ケネディ大統領が「精神病及び精神薄弱に関する大統領特別教書」（ケネディ教書）を発表、入院中心主義への批判と地域でのケアを提唱する。

一九六四年（昭和39）　日本精神医学ソーシャル・ワーカー協会（日本PSW協会）が設立される。

一九六五年（昭和40）　精神衛生法が改正される。

一九六七年（昭和42）　日本PSW協会第3回全国大会の講演での東京大学の臺《うてな》弘《ひろし》教授の発言をめぐり、臺教授と協会との論争が起こる。

一九五八年（昭和33）～**五九年**（昭和34）　家計を助けるために毎朝ヤクルトの配達をする。〔13～14歳〕

一九六一年（昭和36）　目指していた職業訓練校に落ち、地元の公立高校に入学する。〔16歳〕

一九六二年（昭和37）　高校2年時に学級担任から留年を告げられ、退学するか留年するか悩んだ末に留年することに決める。〔17歳〕

一九六三年（昭和38）　2度目の高校2年生後期、生徒会長選に立候補し当選する。〔18歳〕

一九六四年（昭和39）　高校3年生の秋、学年担当の教師とクラスが対立し、全校1日ストライキと自クラスの1週間に及ぶ授業ボイコットを決行。校長以下教員幹部が生徒に謝罪して事態は収束。〔19歳〕

一九六五年（昭和40）　4月、愛知県名古屋市にある日本福祉大学社会福祉学部に進学。野球部に入部する。〔20歳〕

一九六八年（昭和43）　大学3年生の秋、教務室に呼ばれ、必修科目の単位不足で留年を告げられ、退学するか留年するか悩んだ末に、単位を取るまでの半年間留年することに決める。〔23歳〕

時代区分：昭和

精神保健福祉に関わる年譜

一九七〇年（昭和45）　心身障害者対策基本法が制定される。

一九七三年（昭和48）　横浜市で開催された日本PSW協会の第9回全国大会で、一九六九年にY氏に対して行われた保健所のPSWによる強制的入院について、当事者のY氏が問題提起する（「Y問題」）。

一九八二年（昭和57）　札幌市で開催された日本PSW協会の第18回全国大会で「Y問題」を受けた「札幌宣言」が発せられる。

一九八四年（昭和59）　栃木県宇都宮市で、精神病院の看護職員の暴行によって入院患者2名が死亡する「宇都宮病院事件」が起こる。

一九八七年（昭和62）　精神保健法が制定される（精神衛生法が廃止となる）。

小栗静雄の年譜

一九六九年（昭和44）　日本福祉大学社会福祉学部を卒業、帯広市の帯広協会病院にただ一人の精神科ソーシャルワーカーとして入職する。入職直後に労働組合を立ち上げる。〔24歳〕

一九七二年（昭和47）　十勝の寒村で「私宅監置」（自宅監禁）事例に出会う。〔28歳〕

一九七三年（昭和48）　日本PSW協会の第9回全国大会で「Y問題」が取り上げられたことを知る。〔29歳〕

一九七五年（昭和50）頃～　断続的に複数の看護系・福祉系の大学・専門学校で非常勤講師を務める。〔30歳～〕

一九八七年（昭和62）　帯広で「こころの病 市民ボランティア講座」を開催する（十勝精神保健協会主催）。〔42歳〕

一九八九年（平成1）　日本精神医学ソーシャル・ワーカー協

平成

一九九三年（平成5） 障害者基本法が制定される（心身障害者対策基本法を改正・改題）。

一九九四年（平成6） 東京都品川区の京浜急行電鉄「青物横丁駅」で、患者だった男に医師が射殺される「青物横丁医師射殺事件」が起こる。

一九九五年（平成7） 精神保健及び精神障害者福祉に関する法律が制定される（「精神保健法を精神保健福祉法に改正）。

一九九七年（平成9） 兵庫県神戸市で数カ月にわって複数の小学生が「酒鬼薔薇聖斗」を名乗る中学生の被害にあい、2名が死亡、3名が重軽傷を負わされた「酒鬼薔薇《さかきばら》事件」が起こる。

精神保健福祉士法が制定される（「精神保健福祉士」が国家資格となる）。

一九九九年（平成11） 介護保険法が制定される。

日本精神医学ソーシャル・ワーカー協会が名称を日本精神保健福祉士協会と改める（略称・日本ＰＳＷ協会は変わらず）。

二〇〇〇年（平成12） 介護保険法が施行される。

社会福祉法が制定される。

会（略称・日本ＰＳＷ協会）北海道支部長に就任する。［44歳］

一九九〇年代 「やどかりの里」の谷中輝雄氏を講師に招き、道内各地を講演して回り、市民ボランティア講座とボランティアグループを立ち上げていく。［45歳～］

一九九六年（平成8） 勤務する総合病院の「精神科病棟閉鎖」が報じられ、一カ月間、市内繁華街で「市民のメンタルヘルスを考えてほしい」という内容のビラを配る（報道から二カ月後、精神科病棟は閉鎖になる）。［51歳］

一九九九年（平成11） 日本ＰＳＷ協会北海道支部長を退任する。［54歳］

時代区分	精神保健福祉に関わる年譜	
平成	二〇〇一年（平成13）	大阪府池田市の小学校に侵入した男が児童8名を殺害、15人を負傷させた「大阪教育大学附属池田小学校児童殺傷事件」が起こる。
	二〇〇五年（平成17）	障害者自立支援法が制定される。介護保険法が改正される（地域包括支援センターが創設される）。
	二〇〇六年（平成18）	障害者自立支援法が施行される。
	二〇一二年（平成24）	障害者総合支援法が制定される（障害者自立支援法を改正・改題）。
	二〇一三年（平成25）	障害者総合支援法が施行される。

時代区分	小栗静雄の年譜	
平成	二〇〇三年（平成15）	10月5日、音更町文化センター大ホールで600名の観客が見守る中、各種の施設・機関の職員・当事者・家族・市民ボランティアら総勢50余名によるパフォーマンス劇「劇団へぐり座」の公演が、十勝精神保健協会30周年記念を兼ねた精神保健北海道大会の一環として行われる。［58歳］
	二〇〇四年（平成16）頃	「地域精神保健福祉特区構想案」を厚生労働省に提案する。［59歳］
	二〇〇五年（平成17）	NPO法人十勝障害者サポートネットを設立、理事長に就任する。［60歳］
	二〇〇八年（平成20）	1月、十勝の多職種ネットワークによる「スーパーシンポジウム　二二世紀へのいのち・くらし・未来」を帯広で開催する（「帯広・マディソン交流協会」主催）。帯広協会病院を定年退職する。「トンデモ本」構想を思いつく。［63歳］
	二〇一三年（平成25）	帯広市社会福祉協議会評議員となる（二〇一七年まで）。帯広市総合計画策定審議会委員となる（二〇一六年まで）。［68歳］

	令和
二〇一六年（平成28） 神奈川県相模原市の知的障害者福祉施設で入所者19人が元職員によって刺殺され、入所者・職員26人が重軽傷を負わされた「津久井やまゆり園事件」が起こる。	二〇二〇年（令和2） 二〇一八～一九年に入院患者への虐待・暴行で元看護師ら6人が有罪判決を受けた兵庫県神戸市の精神病院「神《かん》出《で》病院」で、さらなる虐待・暴行事件が発覚し看護師らが逮捕される。精神保健福祉士の英語の名称が「サイキアトリックソーシャルワーカー」（PSW）から「メンタルヘルスソーシャルワーカー」（MHSW）になる。
二〇一六年（平成28） 差別解消法に関連する「十勝圏域 障がい者が暮らしやすくする地域づくり委員会」の委員となる（二〇一八年まで）。 [71歳]	二〇二〇年（令和2） 帯広で数名の仲間とともに「SUNプロネット」を立ち上げる（代表・三上雅丈氏）。 [75歳] 二〇二一年（令和3） 社会福祉法人慧誠会の評議員となる。NPO法人十勝障害者サポートネットの理事長を退き顧問となる。 [76歳]

索引

小栗静雄（おぐり・しずお）
1945年、北海道帯広市生まれ。日本福祉大学卒業。精神保健福祉士。
1969年、帯広市内の総合病院に院内ただ一人の精神保健福祉士として入職。勤務のかたわら、院外での勉強会や地域活動に奔走。1989年から10年間、日本PSW協会北海道支部長。2005年、NPO法人十勝障害者サポートネットを立ち上げ理事長に。2008年に総合病院を定年退職した後も現場主義を貫き、同法人の介護サービス包括型グループホーム事業所を担当。2021年に理事長を退き、現在顧問。

「へぐり語録」編集委員会 編集委員
今井博康（いまい・ひろやす）
1960年、広島県三次市生まれ。北翔大学教授。精神保健福祉士。
大辻誠司（おおつじ・せいじ）
1962年、北海道芦別市生まれ。砂川市立病院認知症疾患医療センターに勤務（副センター長）。精神保健福祉士。
三品斉（みしな・ひとし）
1963年、北海道旭川市生まれ。岩見沢市立総合病院に勤務。精神保健福祉士。社会福祉士。

精神保健福祉《せいしんほけんふくし》の実践《じっせん》——北海道十勝《ほっかいどうとかち》・帯広《おびひろ》での五〇年《ごじゅうねん》

発　行　2021年6月30日 初版第1刷
著　者　小栗静雄
編　者　「へぐり語録」編集委員会
発行者　土肥寿郎
発行所　有限会社 寿郎社
〒060－0807　札幌市北区北7条西2丁目 37山京ビル
電話011－708－8565　FAX011－708－8566
E-mail doi@jurousha.com　URL https://www.ju-rousha.com/
郵便振替02730-3-10602

編集協力　佐藤優子
装　幀　ハナカユイ
印刷所　モリモト印刷株式会社

＊落丁・乱丁はお取り替えいたします。
＊紙での読書が難しい方やそのような方の読書をサポートしている個人・団体の方には、必要に応じて本書のテキストデータをお送りいたしますので、発行所までご連絡ください。

ISBN978-4-909281-34-0 C0036　